白话
设计公司
管理

陈阳 著

中国建筑工业出版社

目录

自序 关于设计公司管理的"大白话" 4

从另一个角度理解设计行业 / 赵晓钧 6

第一章 管理是一种思维方式 10
成本中心还是利润中心、角色与企业文化、拖拉公式

第二章 管理转型与行业环境 18
何为成功的企业、企业生命周期、以往公司成功的关键要素、行业环境、
中美设计行业的对比

第三章 设计公司的战略定位及管理模型 38
设计公司的三角、设计公司的五种专业化导向、设计公司的业务模式、
设计公司的四个发展阶段、设计公司的战略矩阵、设计公司的管理模型

第四章 营销管理 66
客户选择、产品定价、管道管理、细分市场、细分市场战略

第五章 项目管理 91
项目管理的三个视角、项目管理的五个要素、
项目管理的基础——WBS、讨论案例

第六章 运营管理 109
组织架构、再谈成本中心与利润中心、运营数据体系、分包

第七章 人力资源管理 124
沟通方式、职级体系、能力模型、员工成长通道、绩效管理

第八章 知识管理、财务管理、信息化平台　　137

知识管理、财务管理、信息化平台

第九章 企业文化（使命、愿景、价值观）　　149

使命、愿景、价值观、注意手段、目的自明、平等、尊重、信任、合作、分享、中国设计公司的价值观困境

附录　　173

01 在《设计企业融资与资本专题研讨会》上的发言

02 多阶层社会对建筑师专业化发展的启示——2011年第八届上海建筑师沙龙上的演讲

03 设计行业的"婆婆"怎么当？——在北京市勘察设计行业"十二五"规划座谈会的发言

04 地方公司还是事业部？——大型设计公司设立二级业务单元的原则

自序
Preface

关于设计公司管理的"大白话"

> *我一生中从未有过要求别人皈依我的信念的企图。能够把这种信念表达出来，而且是清楚明白地表达出来，我就满足了。——斯蒂芬·茨威格，《昨日的世界》*

自 1991 年同济大学建筑系毕业至今已有 21 年。21 年的工作经历按行业维度，可以分为两段：设计行业 13 年、房地产行业 8 年；按地域维度可以分为三段：深圳 10 年、上海 10 年、北京 1 年。

这些经历中，受益最深的是在悉地国际（CCDI）的五年，即 2002 年 2 月至 2007 年 2 月。这期间，CCDI 正处于快速成长和发展阶段，从 130 多人增长到近 1000 人，从深圳的一个地方性公司转变为以北京、上海、深圳为基地的全国性公司。这个过程很痛苦，也很享受，之后关于设计公司的很多思考、研究源自这五年的经历。

设计公司，特别是中国民营设计公司的管理进步是一个逐步成熟和发展的过程。设计行业到今天为止还有很多企业处于懵懂期，管理上遇到了瓶颈，但是不知道用什么方式去思考、解决问题。从起源上看，由于专业性很强，设计公司的老总大多是设计出身，有很强的技术情结，从自己亲自做设计开始到带团队，再从带团队到做企业。这一过程中，开始需要企业管理的思维，但多数企业还停留在自发式的状态，高管们更多地考虑技术发展、业务拓展的问题，对管理无暇顾及，能应付过去就行。

随着 2007 年的金融危机和 2011 年下半年经济形势的变化，设计行业感受到与过去十几年黄金时代完全不同的外部压力。同时，不少民企的规模也达到百人乃至千人规模。这一阶段的企业管理思维方式与原有的技术思维方式是不太一样的，管理者的思路需要调整。内外两种压力导致了设计企业对管理前所未有的重视，近些年各高校的 MBA/EMBA 课堂上出现了不少设计行业的学员，这在十年前是不能想象的。

但是，课堂上能汲取的管理学知识大多是过去一百年对传统行业管理经验的提炼总结，如制造、金融、贸易行业，而设计行业属于智力型企业，与传统行业在核心资源及核心竞争力上有显著差异，这造成设计公司无法照搬传统行业的管理方式，甚至思维方式也有很大不同。借用管理大师彼得·德鲁克先生晚年的一句话："20 世纪管理学的最大贡献在于，它将体力劳动者的生产效率提高了 50 倍。提高知识工作者的生产率，是 21 世纪管理学最大的挑战。"大师的这句话说明智力型企业的管理在世界范围内还没有公认的理论模型，处于探索阶段，当然，也可能根本不存在公认的智力型组织管理理论，就应该是多样性的。

2008 年春夏之交，我创办了 ADU 企业管理咨询公司，总结、思考、整理了多年设计行业管理实践，提出对设计企业管理的一些粗浅理解，并通过对一些企业的顾问咨询和实践尝试进行应用。本书即是根据我在多家设计公司举办的研讨会整理而成，书中没有深奥的管理理论，都是关于设计公司管理的"大白话"，无论是根据我自己的思考提出的"设计公司的五种专业导向"理论，还是根据传统管理理论改编的"设计公司的运营数据体系"等，都是来源于设计公司的基本管理实践，希望能对所有对设计公司管理感兴趣的朋友，尤其是正在从事设计公司管理的各位同仁有所帮助。同时，正如前面所说，智力型企业的管理尚处于探索阶段，本书的不完善之处在所难免，愿意和大家进行各种形式的探讨。

非常感谢行业中诸多同仁，如 CCDI 的赵晓钧、单增亮先生、AECOM 的乔全生先生、三益中国的高栋先生、联创国际的薄曦先生、王茂廷先生、天华的柳玉进先生、深圳华阳国际的唐崇武先生、北京九源国际的江曼女士等等，与这些行业实践者的交流使我获益匪浅。同时，感谢我的家人，特别是我太太王蕾，本书的初稿是她帮我整理完成。我曾经的同事，如陈书燕、陈榕铮、李馨宁、任雪琦对本书的完成亦有贡献，深表感谢。

从另一个角度理解设计行业

赵晓钧

这些年，我经常强调，自己不再是"建筑师"，而是一个"企业管理者"。

其实，这句话暗含"建筑师"与"管理者"两种身份非此即彼的假设，是十分偏颇的说法。这两个身份概念之间，并不存在一条清晰的边界，二者中很多意义本应是重合的。我之所以强调其中的不同，只是因为自己在谋求成长蜕变的过程里，特别关注自身的某些缺失和不足所致。

当初形成作为一个建筑师的身份认知，是在上大学的时候。那时的梦想，是成为贝聿铭、路易·康、迈耶等等这样的大师。我们这些学子，基本没人见过这些人现实中是什么样子，并不了解他们是怎样工作、生活、处事和思考的。我们只是通过自己的想象，勾勒出一个个我们意识中的"建筑师"形象，无非是科学家、艺术家一类令人敬仰的形象。

对这种认知进行反思，是在工作六七年以后，偶然听到的一句话。

当时，深圳主管城建的副市长，去美国拜会过贝聿铭先生。在一个场合他这样评价贝先生，他说：

"贝老根本不是一个建筑师，而完全是一个社会活动家"。

我想，我们谁都不会去追究市长这句话精准与否。但是这句话却呈现了一个事实。这样一位主管城市建设多年，与很多建筑师设计师打过交道的一市之长，在他心中有一种肯定的认知，"建筑师"与"社会活动家"是不同的，这"两种人"有着不同的行为特征。可以想见，市长的这份认知，带有某种普遍性。

事实上，我们学建筑的人都知道，很多我们顶礼膜拜的建筑大师，都是出色的"社会活动家"。我们并不能责怪市长见识有限，他之所以在实践中得到这样的认知，不是市长错了，就是我们这些他见惯了的建筑师，身上缺了些建筑师本应有的特征。

那么缺什么呢？

所谓"社会活动家"，无外是一些具有影响力、感召力、沟通力和亲和力特征的人。他们为别人带来益处，同时又可以得到别人的喜欢。这些特征讲得平实一些，无非就是一些与别人打交道的操作和实践能力。建筑师、工程师这样一份差事，有多少工作内容不是依赖通过别人的行为来获得结果的呢？

我们缺的，正是在工作中科学处理人际关系的实践能力，而这些能力，多半属于管理科学的范畴。影响他人行为，达成群体目标，即为管理。管理行为，是建筑师、工程师职业中必须有的组成部分。

但是，在我们的职业成长过程中，管理知识与实践能力，绝少以科学的形式，注入我们的学习之中。这使得我们行业大部分的同仁，缺少系统的管理科学的知识和意识，行业发展中的很多瓶颈与此有关，我们普遍感到既懂技术又懂管理的综合性人才缺乏，就是佐证。

我们行业，无比需要深深与行业特点和现实相连的，现代管理意识、知识和技术的注入。陈阳这本著作的推出，恰逢其时，有重大意义。

管理的作用，在于处理好工作中人与人之间的工作关系，那么做好管理，则需要参与工作的人，对同一事物，有相同的认知角度，即需要有一套附和管理科学的"行话"。

就像土匪有自己的"黑话"一样，用"行话"可以省却大量的沟通成本和行为偏差，塑造共同的判断依据。但是，由于我们行业长期处于比较原始的管理状态中，尚未形成与先进管理科学接轨的、让从业人员都耳熟能详的"行话"，这深深制约了我们的发展。

形成这些"行话"，就是应用现代管理科学的视角和框架，去解读我们的现实业务，从而形成可操作的管理系统和方法。这包括用投资、战略、研发、营销、HR 等企业通用要素去解读和规范我们的业务，还包括为我们的业务运行建立科学的统计和计量方法。一旦这样做了，管理科学会为改善我们的业务，带来很多新的可能性。

陈阳是这方面的高手和先行者。

2002 年，他加盟 CCDI，我们一起共事了五年。我对他有一份很大的好奇，是他拥有 MBA 学位。那时，我的全部精力还投在一个一个项目设计上面。称他是我在管理上的启蒙者和引路人并不为过，在他的影响下，我也对企业管理越来越有热情。他还促成了单增亮和我去中欧国际工商学院系统学习管理学知识。

2003 年前后，同时拥有建筑学和 MBA 学位的中国人，全世界也不会有太多人，那时的 CCDI 就拥有两位（另一位是胡晓明）。我一直为此骄傲，事实上这是 CCDI 的幸运。这几年，建筑学出身的 MBA 多起来，也是行业的幸运。

2005 年开始，陈阳开始在 CCDI 做运营系统的梳理。在此之前，我们的业务是"大锅乱炖"，这锅汤好与坏，完全分不清是肉多了还是菜少了。谁都不知每个项目是赚是赔，全靠经验和感觉。业务不能预算、预测，也不能结算和评价，等于信马由缰，在水草丰盈的原野上撒欢可以，但凡有些挑战的路途，我们是过不去的。

陈阳用企业的财务把控的观点，捋出了项目运行数据统计方法的基本结构。虽然这在一般意义的企业中并不算独特，但我本人在我们行业中确未见过。他借用了订单存量和库存的概念，显示出了公司签了合同未完成的活，以及干完了活没形成收入的工作量，使公司业务有了动态的驾驭感觉。我们还以"产工比"（产值与人工成本之比值）的概念，代替了沿用数十年之久、抹杀人员能力差异的"人均产值"概念，精确地表达出了业务效率。如今，产工比这一数据，是 CCDI 所有同事无比重视的业务评价对象。

所以现在 CCDI 业务系统的运行和数据管理，很大程度上得益于陈阳当年打下的基础。

经过数年摸索、实践和沉淀，终于形成了这样一本著作。对行业是一件重要的事情。我认为这本著作有两大功用，一是提供了针对传统设计业务的管理学视角，便于挖掘改善和进步的机会；二是对一些有效管理工具的推广和普及。同时，对于初入设计行业，面临行业日新月异的变化，正在设计自己职业发展规划的年轻人，也有着重要的指导和建议的作用。

最后，衷心祝愿关心行业发展的人士越来越多，祝愿行业获得更多的发展推动力。

2012 年 6 月

第一章
Chapter 1

管理是一种思维方式

管理学上对"管理"的定义很多，这里不讨论严谨的理论定义，而是强调管理最重要的属性：管理是一种思维方式。

我们经常谈的规章、表格、制度、流程等等是管理的有形的外在表现形式，并不是管理的实质。管理实质是无形的，这种无形的东西就是思维方式。思维的出发点决定了企业如何制定和执行制度、流程、表格，也在很大程度上决定了执行的效果。下面通过三个重要的概念来阐述管理是一种思维方式：

成本中心还是利润中心

企业中对二级机构通常有两种管理方式：成本中心和利润中心。

利润中心模式下的最极端方式就是挂靠，各个二级机构之间独立核算、自负盈亏，无论多大的组织，实际上内部是一堆小团队组成的。行业中，有的公司几年前就已经500人了，但是它的500人等于20×25，相当于20个25人的团队，所以500人的设计公司应该达到的技术高度、管理水平在这个公司是没有的，500人的公司应该能够完成的设计任务，这个公司是干不了的，它能干的活全是25人能干的活，没有综合实力，这就是典型的利润中心方式。行业中还有一些公司不是采用纯粹的利润中心，但有很多接近利润中心思维的管理方法，公司与内部小团队在财务上采取分账的方式，这种方式的最大问题是各团队之间应有的合作、分享是做不到的，有的团队忙死，有的闲死，大家只考虑小团队利益。这样的公司无论多大都是没有真正的企业整体实力的。

成本中心的模式则不同，企业是一个整体，企业内部有不同的部门、不同的业务单元，为企业的共同目标承担不同责任，他们之间不存在互相分账的方式，不是自负盈亏。部门间的合作是必然的，也是必须的，可以根据业务发展需要进行资源调配。麦肯锡是国际顶级的管理咨询公司，曾经在台北接了一个项目，他们根据这个项目的需求在全球调动资源，项目组成员分别来自台北、中国大陆、澳大利亚、欧洲和北美，两个月后项目完成，小组成员各回各自所在地。这样的运作方式能做到最合理地调动资源，最有效地完成项目。麦肯锡的全球合伙人，拿的薪酬是一样的，共同对企业团队负责，而不是仅对自己所带的小团队负责。

利润中心和成本中心是两种迥异的管理思维模式，所对应的企业制度、体系、流程等方面的差异是显而易见的。思维方式没有弄清楚，照搬任何企业的制度体系都是没有用的，也不可能扎实地落地。

道理很容易理解，那么为什么很多企业在规模变大的过程中会偏向采用利润中心的管理模式呢？这是因为，成本中心对企业管理水平要求高，利润中心对管理水平要求低。

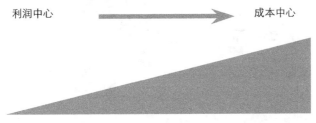

管理能力

从这个角度看宏观经济结构，计划经济就是成本中心模式，是理论上最完美的经济结构形式，没有资源损耗，不存在经济危机。我想，计划经济失败的技术原因是其要求的管理水平超高，而到目前为止还不存在与此相匹配的管理能力。这是一个理想模型，能否达到这样的管理能力决定了计划经济能否成功，也许50年、100年后，计算机等相关技术、理论再发达、再发展，人类能弄清楚每一个人、每一个组织的需要，有能力进行资源有效配置，那时可能全球都可以成为一个计划经济体。1949年，中国开始实施计划经济，由于不可能搞清楚数亿人口、大量企业的供求动态关系，30年下来的结果是经济面临崩溃。与其掌握不了，不如放开市场，还权于民，于是有了30多年改革开放。

在企业对外呈现为利润中心的情况下，企业能否在内部实施利润中心模式呢？答案是否定的,因为企业存在的价值在于降低社会交易成本。1991年诺贝尔经济学奖得主、英国经济学家罗纳德·哈利·科斯在1937年发表的《企业的本质》中,提出了交易成本的概念。交易成本是指在市场经济条件下,协商谈判和履行协议所需的各种资源的使用,包括制定谈判策略所需信息的成本、谈判所花的时间以及防止谈判各方欺骗行为的成本。如果没有企业,社会中所有交易只能在自然人之间发生,比如一个人要建房子,需要找设计师,就要与无数的建筑师、结构、水、暖、电工程师进行商务洽谈,更不要说施工环节,要自己找工人,交易成本会高得难以想象。而有了企业这样的商业组织,建房人与设计公司、施工企业打交道就可以了,总体交易成本就能有效降低。因此,如果一个企业在内部实施利润中心管理,那么这个公司就失去了其存在的社会意义。在中国,为什么有的设计公司可以通过挂靠生存,原因是目前行业资质的行政管制导致很多有志于设计行业发展的团队拿不到资质,只能靠挂靠方式获得生存空间。相信终有一天,目前带有垄断性质的行业管制方式会开放,那时,那些靠挂靠生存的牌照公司也将不复存在。

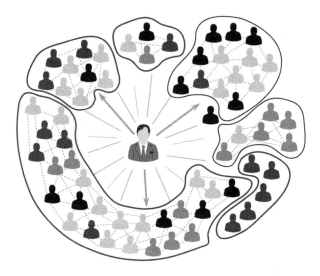

一个企业的真正成功和成长就意味着它能持续提升管理能力,这才是有竞争力的公司,被人们认可的公司,而不是简单挣钱分账的公司。知名的智力型企业都是成本中心模式,并拥有与此对应的很强的管理能力。

角色与企业文化

在企业团队中,我们把董事长、总经理看作什么人?比如老板或领导者。这里,两个词的含义是不同的,老板的目的就是挣钱,公司是一个媒介,通过这个媒介,他唯一目标就是挣钱。而领导者是团队、企业的带头人,要带领团队达成一定的事业目标。孔子曰:"举而措之天下之民,谓之事业。"国学大师南怀瑾在论述事业时,把事业与企业、企业家对应,把赚钱与公司、老板对应。盈利是企业能力的一种外在经济表现,是支持和保障事业发展的必要条件。所以,领导者的外延更大,老板仅有一个财务目标,领导者有多个目标,其中最重要的是达成大家一致认同的事业目标,并在这个过程中挣钱。

另外,我们把自己看作什么呢?看作打工的还是员工?这两个概念和上面的概念是对应的,老板就是为了挣钱的,打工的也很简单,通过这样一份工作挣钱,挣了钱再干自己想干的事。员工就不一样,他不仅要在工作中获得必要的生活保障,同时他认同企业和领导者带领这个团队所要达成的事业方向。

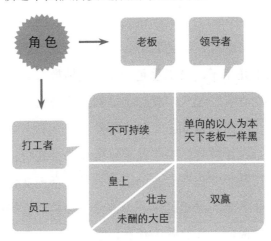

这样四种不同的角色定位在企业内部产生四种上下关系:

第一种是打工的和老板,这样组成的团队与其叫团队,不如叫团伙。大家目的就是钱,老板对外收钱,对内和员工分账。由此出现很多公司政治、打工哲学,老板怎样对付打工的,打工的怎样对付老板,双方处于对立面,各有对付对方的办法。这种方式短期有可能挣到钱,但时间长了就不好说了,团伙总有散伙的时候。

第二种是老板和员工之间的关系。最典型的例子就是中国历史上那些壮志未酬的忠臣的故事,忠臣被皇上忽悠为了江山社稷,员工被老板忽悠为了所谓的事业,其实事业是虚的,本质就是为了钱。

第三种是领导者和打工的关系。领导者有事业理想,但打工的认为天下乌鸦一般黑,不相信真有领导者是为了事业,或者对领导者的事业方向并不认同。这样的领导者很痛苦，单向地努力，在内部不被理解认可。

第四种组合是最好的一种，就是领导者和员工之间的关系，他们是真正能够把劲往一处使，能够为大家认同的方向去奋斗。虽然这个过程有苦痛，因为变革发展需要每个人改变自己的一些惯性，但是这个过程本身也是人生享受。

这四种不同的企业内部关系，实际上构成了不同的企业文化，意味着四种不同的思维方式，其间的差异是非常重要的。在任何一个企业里，这四种方式可能都同时存在，员工角度而言，在团队里可能既有打工心态的，也有员工心态的。高管层中，有人认为自己是老板，也有人认为是领导者。四种心态在企业可能同时存在，关键是哪种心态组合是主流，一个良性发展的企业应该让领导者与员工的组合成为主流，越来越多的人认同企业的共同发展方向，越有利于企业的发展，同时也越有利于每一位员工在企业成长过程中跟随企业的发展而成长、完善自己。

当然，社会文化对企业文化的影响也很大。2011年上半年，我在同一家外企设计公司驻上海办事处的老总交流时，他提了一个问题："我们国外总部的员工都很主动、很稳定，为什么在大陆十几年了，员工总是一茬一茬地换，而且他们大多处于被动工作状态，干两三年，还没有成长起来，就想跳槽到其他公司当主任建筑师？而我认为他们的能力还远远不够。为什么会有这么大差异呢？"我说，除了大陆设计市场多年人才供不应求之外，还有文化差异。中国几千年至今的文化特征是帝王文化，你们总部所在国是平等文化，这两种文化有心态的巨大差异。帝王文化之下，国家层面所有人为皇上打工的，在企业中是为老板打工，大部分人都是这样的心态。帝王文化最重要的一点是听老板的，老板叫干什么就干什么，老板不说就不能干，打工者必须采取被动式，千万不能主动，主动就容易犯错。只有不犯错才是安全的，才有可能被提拔，所以大家尽可能被动，不能主动。中国老话就有"枪打出头鸟"，你是对你的老板负责，不是对你自己负责，或者说你要通过对老板负责来对自己负责。最好是"羊群效应"，老板说好，你就跟着说好，你千万不能挑头说好，万一说错了错误就在你身上。而西方式的平等文化是没有皇上的，自己是主人，你要对自己负责任，所以你要主动，这样的社会文化造成了西方社会的人相对比较主动。所以，两种文化思维的差异造成员工在工作和生活中采取不同的态度和方法。

拖拉公式

很多中高层管理者在工作实践中都有一个感受：给员工安排的工作常常不能按时完成，或者是完成的结果不令人满意。究竟是什么原因造成这种状况？我们看看这样一个公式，这是加拿大卡尔加里大学商业学教授皮尔斯·斯蒂尔多年研究得出的"拖拉公式"。

$$U = \frac{E \times V}{I \times D}$$

U（Utility）是效率，这里指完成任务的欲望，很多时候工作无法顺利完成的原因是员工工作意愿不高所致。意愿受四个因素的影响：

E（Expectation）代表对成功的期望值，也就是员工对完成任务成功概率的判断。如果你安排员工去做一件他认为不会成功的事，那他肯定不愿意做，会有一种情绪上自然的抵抗，因为每个人都希望工作有成就感。成功概率不高的原因来自多方面，可能是因为员工能力不够，比如给刚毕业的员工安排一项应该有五年工作经验的员工才能完成的任务，你心里没底，员工心里就更没底了。还有参加投标，除了技术比拼，还有很多技术外的工作要做，如果设计师认为技术外的因素将导致中标可能性不大，那么在设计上就不会很用心。再比如，我和某个朋友说明天去登珠穆朗玛峰，那朋友肯定说不去，因为常人不经过一段时间的锻炼是不可能成功登顶的，完全没有成功的概率。所以，安排工作不能忽略员工对成功概率的自我判断。

V（Value）是指创造的价值。如果员工认识到完成这项任务能创造出较高的价值，他的工作意愿会非常高，就很愿意去做。这里的价值不只是经济价值（当然钱是非常重要的一部分），另外还有很多价值，比如说这项任务对他专业能力的影响，经历过这个项目，他的专业能力能大幅度提升，这就是一种价值。还有，这件事能创造比较好的外部社会效益，他也会有强烈的工作意愿，因为每个人都有社会责任感，多少而已，就像志愿者参加的很多活动是没有经济回报的，甚至要自己掏钱，费时间精力，汶川地震后参与救援的志愿者甚至还冒着生命危险。我在CCDI期间，经历过北京奥运场馆——"水立方"的设计，很多同事不计经济报酬在节假日加班，体育事业部的很多员工在相当一段时间里的作息时间是：早上十点上班，晚上两点下班。这个项目的技术难度对当时的CCDI来说非常高，员工都没有做过这么高标准的项目，而这个项目的成功所创造的价值极大，首先体现在这个过程的亲历者，个人能力的提升非常快，其次这个项目具有巨大的社会价值，所以大家自愿接受如此高强度、高挑战性的任务。

再举一个负面的案例，那是在2007年，当时我所在的设计公司有一个在北京的几十万平方米建筑面积的住宅项目，受金融危机的影响，业主观望市场行情，迟迟不拍板定案，理由又不能明说。这期间，他们的设计总监不断折腾我们调整方案，几乎是每周提交一轮方案文本，周一开会汇报方案，提出修改意见，下周一再开会，历时长达大半年，前后几十轮。每次开会纠缠于面积是否准确、尺寸是否标错了、排版上有哪些错漏等非实质性问题。所有参与此项目的员工都疲惫不堪，甚至有员工因此提出辞职，不辞职的唯一条件就是调离这个项目组。其实，甲方的设计总监也很无奈，因为不这样他就无法表现出他在工作，无法向他的老板交差。这种无价值的反复折腾极大地挫伤了员工完成工作的意愿，一轮轮的调整使方案质量越来越差，非技术的错漏越来越多。当2008年4万亿刺激经济计划导致市场反弹后，甲方迅速拍板定了方案，不是几十轮调改后的方案，而是最初的方案。所以，员工是否认同工作的价值对他的主观愿望有很大的影响。

I（Immediacy）是紧迫性。前面举例说明天去登珠穆朗玛峰，不可能，那么半年以后呢？这也许可行。一个身体机能正常的人经过一段时间的合理训练，是可能达到登珠穆朗玛峰所要求的素质的，万科的董事长王石就是榜样，他登顶时52岁。从心理学角度看，一件事如果过于紧迫的话，一般人都有一种本能的排斥心理。比如说，甲方临时打电话来要下午出图，如果不是项目计划内的，那么你接到这样的电话会很恼火，哪怕有可能出图你都可能不情愿给，因为你不愿意接受工作节奏总是被打乱、被逼迫的感觉，有一种本能的反感。

D（Delay）是对拖延的敏感性。有的人天生对时间不敏感，这种性格不太适合当项目经理。我曾经就有同事是这样的人，他有很强的能力拿出有创意的方案，但就是对时间没有感觉，他带着十几个建筑师用八个月的时间投入一个项目的设计，最后的成果是一张总规划图，很多中间成果被他（而不是甲方）枪毙了。而甲方就是认可他的能力，等待他找到感觉，拿出好方案，但是公司没有产值，财务上要倒贴。后来，公司调整了管理架构，另外安排一位项目经理去控制项目计划，使项目进程逐步趋于合理。所以，在工作安排上要根据各人的特点把员工放在合适的岗位上，而不是一味要求所有人都具备全面素质。

根据皮尔斯·斯蒂尔教授的拖拉公式，分派工作不能只是开个会交代一下了事，而是要从 E、V、I、D 四个方面从员工角度想想，否则工作完不成，责任在谁呢？有一部分原因在领导身上，而不能仅归咎于员工层面。当然，一个团队长期合作，形成默契，总结出相应的制度、流程、体系后，就不需要每件事都详细列出 E、V、I、D 这四个方面的情况。

通过上面三个概念的详细分析阐述，我们不难理解为什么管理是一种思维方式了。因为思维方式的不同，管理者可能有不同的管理思路，同样的管理问题也就可能有不同的解决方法。做顾问经历中，常有公司期望照搬其他企业的管理方法、制度、体系，以走捷径。我的建议是：经验、教训可以借鉴，但方法、体系决不可照搬，要想成功，必须知其所以然。这个"所以然"就是最根本的思维方式，公司制度、体系、流程、表格等等只是管理的表象。在别人那里是成功的体系，换个公司很可能完全不适用。对现在的民营建筑设计公司来说，加强管理最重要的是调整、完善思维方式，学会从管理的角度去思考问题。

第二章
Chapter 2

管理转型与行业环境

何为成功的企业

我在多家企业组织过内训,其中一个研讨话题是:以你对设计行业的认知,尽可能多地列出你心目中成功企业的标志,至少三个。下面列举其中一次内训中5个小组的答案:

第一组

1)在行业中的专家话语权,能体现个人与企业的价值;

2)品牌及社会责任;

3)有同行羡慕的收入和幸福度(薪酬体系);

4)有团队凝聚力、向心力;

5)企业文化提倡公平性;

6)明确的培养体系,上升通道(职业规划);

7)达到一定规模(人多势众);

8)有专业领军人物;

9)信誉度高,不论是对内还是对外。

第二组

1)人均产值高(100万人民币);

2)有影响力的项目;

3)拥有有影响力的专家;

4）有相当的规模（500人）和产值；

5）人员稳定；

6）具备领先的技术；

7）品牌知名度高。

第三组

1）知名度，包括企业知名度和产品知名度；

2）有一定社会影响力，既要创造价值还要有社会责任感；

3）创造较高的经济效益；

4）成为行业标杆，提到这个行业首先想到的是这个企业；

5）具备创造力；

6）领导者与员工之间的关系，达到双赢；

7）良好的企业氛围，这涉及企业文化和员工的幸福感。

第四组

1）社会影响力强；

2）吸金能力强，整个团队盈利的能力强；

3）良性的企业文化；

4）管理水平高，管理水平的高度决定了企业市场实力；

5）明星人物及作品，领导者个人的影响力。

第五组

1）有社会影响力的项目；

2）员工在企业有全方位的幸福感，不仅是事业的成功感；

3）市场认可度高，项目标准高，能接到好项目；

4）可持续发展，而不是短期行为；

5）个人价值的实现（名和利）；

6）工程计划合理有序，按自己的节奏愉快完成。

首先我们看到第二组提到了人员稳定。设计行业，尤其是一二线城市的民营设计公司普遍存在人员流动率过高的问题。由于设计人才长期处于供不应求状态，特别是这两年随着CPI高起，员工的薪酬诉求也大幅度上升，整个行业处于薪酬体系混乱之中，人才紧缺的公司为招揽设计师什么价都敢开，待价而沽的人才什么价都敢要，公司之间互相挖角。甚至有的公司人力资源部门手上拿着竞争对手的人员通讯录，挨个打电话挖人。曾碰到以前的一位年薪十几万的同事，另一家公司通过猎头开价五十万挖他，薪酬够吸引力，他就去看看。聊了一会儿就发觉不能去，这家公司的做法有问题，如果开价二三十万，他反倒有可能去。

　　五个小组的总结有很多相似之处，其他公司的内训中各小组答案亦大致类似，也就是说行业中被大家认同的成功企业有很多共同点。借用冯仑在《野蛮生长》中最著名的六个字"钱多，人傻，速来"，这就是成功企业的标志。"钱多"，就是经济效益好，一个成功的企业不可能是赔钱的，当然钱多的企业要有合理的分享机制，不能只是老板钱多，员工钱少。"人傻"就是有良性的企业文化，中国人总觉得比西方人聪明，老外不会钻空子，显得笨，这是社会文化塑造了西方社会相对简单的人际关系造成的。习惯于平等文化的员工似乎都比较傻，没有那么多勾心斗角，只知道把事做好，不太懂公司政治，成功企业恰恰为这样的傻人提供发展机会。当然，现实中很多中国老板希望把员工忽悠傻，而自己精明过人。"速来"就是员工觉得在企业里满意度高，希望朋友来加盟，客户也会速来，因为优秀的作品吸引客户慕名而来，设计费也有溢价可能。

　　每个人都希望身处其中的公司成为这样的成功企业，但是几乎还没有一家中国的设计公司能做到公认的"钱多、人傻、速来"。逐条来看，都有差距，例如项目不能按计划实施、有社会影响力的项目不多（甚至还没有）、员工满意度不高、市场认可度不高、项目层次不够、品牌影响力还不能支持可持续发展、个人价值没有体现等等。有差距不是问题，解决问题的关键是搞清楚问题所在。

　　经历怎样的发展历程才能成为成功企业呢？表面上似乎有一个简单办法就是照搬成功企业的做法，比如GENSLER的项目管理、ATKINS的产业化一体化能力、CCDI的规模化快速增长，Foster & Partners的创作能力等，有很多可以学。但是任何企业想通过套用其他公司管理办法走向成功是不可能的，尤其是智力型行业，不同的行业、不同的企业发展导向（下一章有详述）、不同的企业发展阶段、不同的文化背景、不同的团队特点，决定了智力型组织必须建立自己的基于企业战略的、行之有效的管理体系，各管理模块之间形成有机整体。在这个过程中，需要借鉴，需要学习，但不能照搬。

企业生命周期

民营设计公司现阶段普遍存在一些问题，比如：

1. 原来简单的事情现在复杂了，上升到流程层面；
2. 加班多压力大，人员流动率高；
3. 高管层的时间大量的用于救火，陷入日常琐事之中，处理一个又一个危机；
4. 有些工作没人做，有的工作大家都在做，缺乏协调；
5. 缺乏共识的企业发展方向；
6. 缺乏称职的管理人员，拥有经理、总监、总经理头衔的人不少，但称职的不多；
7. 注重外部引进人才而不是内部培养人才，缺少培训机制；
8. 在公司或项目中最有效的方法是自己干，但时间来不及，带人干更来不及；
9. 没有计划，战略计划、年度计划、项目计划都没有，因为计划赶不上变化；
10. 会议，特别是讨论管理的会议成为"茶话会"、"牢骚会"，议而不决，决定了也很难执行，执行了也达不到预期效果。

上面列出的10个问题具有行业共性，类似问题在企业管理中还有很多，与大家期待的成功企业有较大反差，这是否正常呢？其实很正常！

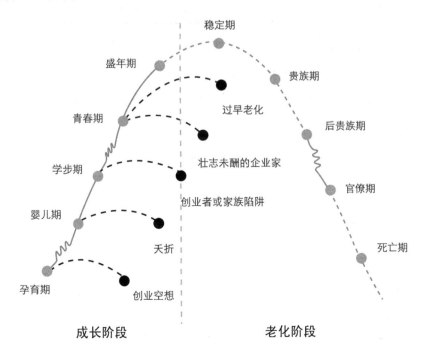

企业生命周期告诉我们，企业的不同发展阶段会出现不同的状况，有些是正常的，应该称之为现象，有些是不正常的，才是问题。不能一概视之为问题，更不能停滞下来等待所有的状况都解决了，再发展。

时期	正常现象	不正常现象
婴儿期	■ 缺乏管理深度 ■ 缺乏制度 ■ 没有授权 ■ 独角戏，但愿意听取不同意见 ■ 失误不少 ■ 根据危机进行管理 ■ 家庭成员比较支持 ■ 董事会成员比较支持 ■ 领导风格有所变化 ■ 善意的独断	■ 意想不到的负现金流 ■ 丧失责任心 ■ 过早地授权 ■ 过早地确定规章制度和程序 ■ 听不进不同意见，自大 ■ 不容忍失误 ■ 出现无法管理的危机 ■ 缺乏家庭的支持 ■ 缺乏董事会成员的支持 ■ 领导风格缺乏变化。或是领导风格的变化不起作用
学步期	■ 自信 ■ 销售导向 ■ 成本控制不够 ■ 员工会议不规范 ■ 薪酬管理不连续 ■ 责任不明确 ■ 基础不稳固 ■ 能够发挥作用的因人设事的组织结构 ■ 每件事情都是优先的吗 ■ 创业者不可或缺	■ 缺乏重点 ■ 要干的事情没有范围 ■ 不顾质量进行销售 ■ 没有成本控制 ■ 没有员工会议 ■ 企业成了诉讼对象 ■ 相互之间的信任和尊重减少 ■ 基础崩溃 ■ 因人设事的组织结构没有起作用 ■ 每件事情都是优先的！

20世纪80年代有部美国家庭情景电视连续剧《成长的烦恼》，讲述一个美国中产家庭在几个孩子成长过程中遇到的烦恼，其中不少事在中国家长看来是不得了的大问题，美国家长只是一笑带过，没当回事。成长期就该有那样的烦恼，如果成长期没有这些烦恼，反而不对了。

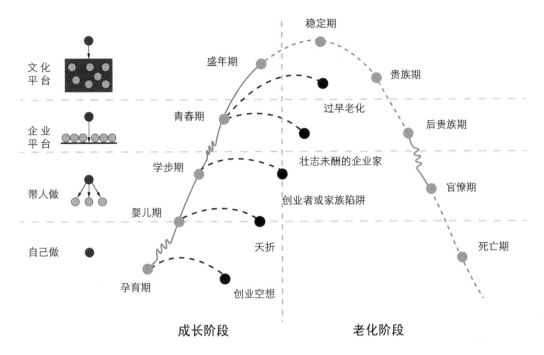

　　换一种说法，一个企业的成长可以分为四个阶段：第一个阶段是自己做，企业创始人自己洽谈业务、谈合同、做方案、汇报、绘图、收钱、算账分奖金等等，总之所有的事都是自己干。

　　第二阶段是带人做，企业有了一些规模，企业创始人承担几乎所有项目的项目经理或者主创建筑师的角色，但不需要所有环节都亲力亲为，只需要抓项目关键节点，把大量事务性的工作分派给其他员工。

　　第三个阶段是创建企业平台，前两个阶段的组织更像一个作坊，能走到第三个阶段才算是真正意义上的企业组织。这时，团队领导者的主要精力要从具体项目中跳出来，致力于创建企业平台，让更多有能力的设计师在平台的支持下发挥其主观能动性，施展才华，完成项目。现在大部分设计公司除了微型企业（50人以下）外，小型（50—200人）、中型（200—800人）、大型企业（800—3000人）乃至巨型企业（3000人以上）不论是否有意识，都在不同程度上进行这样的转型，这个时候才开始有更多的对企业文化、治理结构、运营体系（也就是道、法、术三个层面）的思考。规模不是靠作坊式做出来的，更不是挂靠挂出来的，必须依靠企业平台去做，这个过程很艰难，但要想成为成功企业就必须过这一关。CCDI已超过4000名员工，在中国民营设计公司中规模最大，它的很多探索性的做法被认为是行业标杆之一，但它的企业平台也还不能说达到成熟的阶段。

更高一个阶段是创造企业的文化平台，以文化塑造企业精神。中国企业还难言达到这个阶段。

以往公司成功的关键要素

企业内训中的第二个研讨话题是：回顾公司的发展历程，总结以往公司成功的关键要素。

20世纪90年代中后期，北京、上海、深圳有一些民营设计公司开始起步，目前活跃在行业中的民企大多是那时开始的。但并不是所有的都能存活到今天，有些企业即便存活下来，但并没有获得井喷式的市场行情所对应的合理发展。那么，那些有长足发展的公司过去十几年的关键成功要素有哪些？这里摘录其中一家公司内训中五个小组讨论的答案：

第一组

1）有市场、有关系，为公司成功打下底子；

2）老板好，指公司领导者有比较好的号召能力及管理能力，比较能服众，让人能信服；

3）员工傻，不是说智商问题，是指员工都比较单纯、积极向上、希望能有一个好的公司成长环境；

4）及时管理转型，适应市场变化，请老师来讲课。

第二组

1）市场好；

2）领导好——身体好、品德好、脑子好。从一开始的经营、市场开拓到有一定发展后对市场的适应、管理模式的改变、能把握企业发展方向；

3）核心人员的相对稳定；

4）服务好，相对国企和外企而言，民企服务好。

第三组

1）服务好带来企业形象好、信誉高；

2）公司内部工作氛围融洽，学习气氛很高，凝聚力很强；

3）老板能力强，能接到很多还不错的项目；

4）员工能力强，初创时有一批能力比较强的设计师，工作的流程和制图的习惯延续下来，非常稳定，带来技术的延续性；

5）市场环境好。

第四组

1）领导者综合能力强；

2）把握住了市场发展机遇；

3）有管理转型意识和行为；

4）人性化管理形成了稳定的团队。

第五组

1）规模体系完整；

2）领导者有个人魅力，并及时管理转型，确定未来方向；

3）稳定的团队；

4）服务好；

5）企业文化；

6）整个团队有一定的学习和提升愿望；

7）有基本稳定的技术水准，有一些具备潜质的技术人员；

8）相对简单的管理程序。

先谈谈几个普遍提到的关键要素。首先是关于服务好，民企都是靠服务起家的，因为在创业初期，论技术、论人才、论品牌、论关系，民企都远输于国企或外企，只能靠服务，甚至为接到活儿不得不满足客户的不合理需求。记得10年前在CCDI，我还签过这样的服务条款：工地现场服务，本地项目接到通知4小时内赶到现场，24小时内出修改通知单；外地项目24小时到现场，48小时内出修改通知单，所有项目组成员手机保持24小时开通状态。一句话，随叫随到。

究竟什么叫"服务好"，以酒店行业的便捷式酒店和五星级酒店做个比较来说明，这两种酒店在服务上给你的体验是两样的。住进便捷式酒店，你会发现房间里有可能缺这个缺那个，经常要给服务台打电话要求送卷卫生纸，送瓶水，或是送双拖鞋，电吹风不好用要换等等，他们的服务挺好，随叫随到，你一打电话，片刻就送来。而住进五星级酒店，估计除了送餐、叫出租车之类的个性化服务，你几乎不需要给总台打电话，所有你要的东西房间里都有，卫生纸至少两卷，除非你拉肚子否则不可能不够一天之需，走廊、电梯里没见过手持物品赶着给住客送东西的服务员。我第一次住五星级酒店时，很好奇地把房间里所有设备、用品看了一遍，琢磨各种器物的用途，有些东西还真不知道怎么用，也不好意思问。

那么，哪种酒店服务好呢？显然，五星级酒店服务好，当然价格也贵多了。真正的高水准服务好是专业能力强所对应的，而不是能力差靠随叫随到式的低层次服务来弥补。在产业分类上，设计咨询属于服务业，是以技术含量高低决定服务附加值的行业，你应该比甲方更专业，能够给甲方提供专业指导意见，考虑在甲方前面，而不只是一味服从甲方要求。真正的服务好，是甲方没有想到的、不知道的技术问题，设计公司早就想到了，已经提供了相应的专业化服务了。一些中国甲方抱怨大牌外企如SOM、KPF的服务不好时，有可能是因为甲方习惯了随叫随到式的服务，而不是因为SOM、KPF专业服务水准不高。我在CCDI工作时，曾和KPF在上海合作过一个超高层办公建筑的设计，第一次三方会议上，KPF的代表向甲方提出一个问题：该建筑单方造价预算是多少。甲方想了一会，回答大约七八百美元。KPF回答：如果单方造价在1000美元以上，KPF有能力做，如果只有七八百美元，KPF的技术体系将难以胜任这个项目。我当时以为KPF是担心设计费达不到他们的预期，后来才理解KPF对不同造价的建筑有一套完善的技术、材料体系，能保证建筑在此造价条件下的均衡度。单方1000美元是当时KPF超高层建筑技术体系的下限，低于这个造价，他们就要重新研究与此对应的材料系统，如幕墙、垂直交通系统、各种机电设备等等，在这个造价前提下，KPF的设计费反而可能更高。这才是服务好。

民企还能依靠之前的那种相对低技术水平下的服务好来发展吗？在已经开始出现的专业化竞争的行业格局下，仅仅靠随叫随到式的服务好是难以立足的，必须通过提高专业化水准所对应的服务好才可持续。

再谈谈市场好。过去十几年，中国基本建设领域一直保持远超过GDP增速的增长速度，但是，市场还会一直这样好吗？最近一次的宏观调控力度前所未有，2011年下半年开始已经有不少设计公司拿不到项目，或者收不到款了。这样的"严冬"会持续到什么时候，没有人知道。即便没有宏观调控，我们也不能指望未来的市场延续过去那样的爆发式增长。

还有经营，大部分民企靠老板接项目，但到了一定规模，单靠老板接项目是不现实的。2002年我刚到CCDI时，100多人，项目基本上都是赵晓钧、单增亮两位老总接的，现在的CCDI超过4000人，每年新签合同额几十亿，显然不是靠他们两位老总接项目、谈合同，而是靠建立组织化的营销能力，下一章中将会阐述如何建立高效的营销模式。

管理学上有句话很残酷：上一个时期企业的成功要素可能在下一个阶段带来致命危机。前面提到的服务好、市场好、老板能接活，都是绝大部分民企过去成功的关键要素之一，但恰恰是这些成功要素是管理转型中的变革对象。这些成功要素支持我们走到今天，但不能支持我们走向明天。

管理变革滞后会给企业带来巨大的风险。前面提到的企业生命周期理论中，到了任何一个节点，都意味着一种管理变革，这种变革可以是企业意识到了，主动进行变革，也有可能是被逼的，被动式变革。被动式变革的压力来源于内外两方面，内部随着企业规模扩大，逼迫企业调整管理思维和管理体系，否则运营效率低下，员工会不满意；外部市场条件的变化、竞争对手的举措等等都会对甲方选择设计供应商产生影响，逼迫企业变革。

变革是有巨大风险的，不论是主动变革还是被动变革，都有成功和失败两种可能，主动变革的成功概率会高很多。国家变革也如此，历史上，日本1868年开始的明治维新是在感受到外部压力后相对主动地进行的变革，明治维新成功了。而30年后的1898年，中国的戊戌变法失败了，慈禧太后在镇压了戊戌变法之后于1905年被迫开始改革以图维持帝制，很多举措远超过戊戌变法，但最终以1912年清帝退位而告终。很大的原因在于慈禧太后的改革是受外部列强和内部革命党的压力，不得已而为之。同样的例子还有1905年俄国沙皇尼古拉二世的改革，也是被动的，所以帝制还是被1917年的十月革命所推翻。被动式变革一旦失败，社会成本极高，更可怕的是社会往往再次陷入暴力循环，没有实质性进步。对企业而言，被动式变革失败就意味着企业消亡。

行业环境

根据建设部每年发布的《中国建筑业改革与发展研究报告》中关于勘察设计行业的数据统计，1995年至今，勘察设计行业一直处于黄金发展期。2010年行业营业收入已接近一万亿，是1995年的46倍，15年间年复合增长率远超过同期GDP年复合增长率。

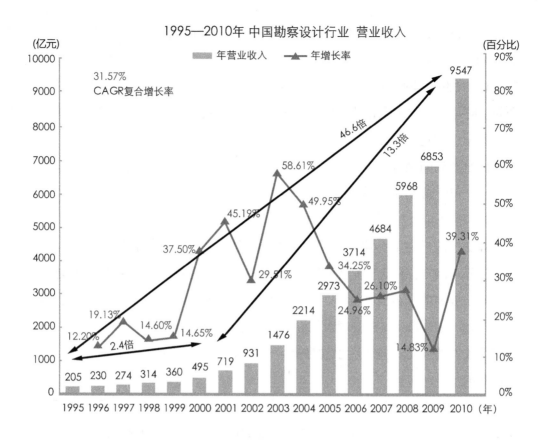

图表中，2000年是个拐点。2000年之前，增速在20%以下，2000年之后增速几乎都在20%以上（2009年是个例外，是受金融危机的影响）。

这个数据反映了过去十几年的市场实在是太好了，民企设计公司就是因为有这样的大好形势，才有机会从十几年前的萌芽到今天形成与国企、外企三足鼎立之势。我们都在这台高速上升的自动扶梯上，即使站着不动，也能有较高的企业增速；有人在扶梯上升的同时还自己向上走几步，那他就比别人增长得更快；也有人往下退几步，但由于扶梯上升速度更快，所以总还有钱赚。我们受益于这部扶梯，也担忧这部扶梯何时会减速甚至转为下行，所以任何企业还不敢轻言成功，哪怕是阶段性成功。曾和银行界的朋友聊天，他说在银行界，一般8年工作经历可以当科长，12年经历可以当处长。我问他为什么要这么长时间才能晋升？银行的业务难度很高吗？他说一个人要有10年左右的金融界阅历，才会至少经历一次经济周期，知道市场的波峰和波谷是怎么回事、什么感觉。民企设计公司的十几年还没有经历波谷，现在是不是波峰我们也不知道，没有尝过行业起伏的滋味。任何民企都不敢说一定能安全渡过总是要到来的行业危机，因为十几年的历程使企业的所有机制都是按照高速上升的市场趋势形成的。

行业从业人数在 15 年间呈现稳步增长态势，15 年接近翻了一倍，但远远落后于营业额的增长速度。

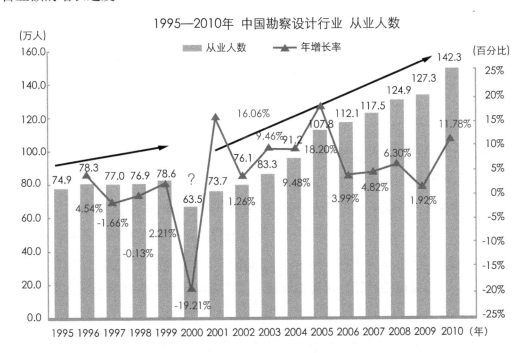

人均营业收入 15 年增加了 23.5 倍，这就是为什么大家都很忙的原因。摘录个网上的段子来说明下设计公司的繁忙景象，相信大家都是感同身受：

早起是设计院和收破烂的；晚睡是设计院和按摩院的；担惊受怕是设计院和犯案的；没饭点儿是设计院和要饭的；男人不着家是设计院和花天酒地的；女人不顾娃是设计院和搞婚外恋的；随叫随到是设计院和发快件儿的；加班不补休是设计院和摆地摊儿的；24小时接客是设计院和"天上人间"的；周末节日无休是设计院和淘宝开店的；不能说错话是设计院和当播音员的；别人睡着你干着是设计院和看守八宝山的；入了行就很难退出是设计院和黑社会的；入了行就发誓再也不让晚辈沾是设计院和贩白面儿的。

当然，忙是很忙，收入虽然比不上垄断行业和公务员，但比大部分其他行业从业人员的平均收入还是高一些。这些年大学毕业生找工作难，但学建筑设计的总是能找工作，好坏之差而已，建筑学老八校的毕业生更是每人手上都有若干企业的录用函备选。

2010年，人均营业收入67.1万是一个很高的数字，按现在的外汇汇率，已超过10万美元。但大部分北京、上海、深圳等一线城市的甲级资质建筑设计公司都没有达到这个数，二三线城市的设计公司差距就更远了，所以这个数字背后是有文章的，后面将提到。

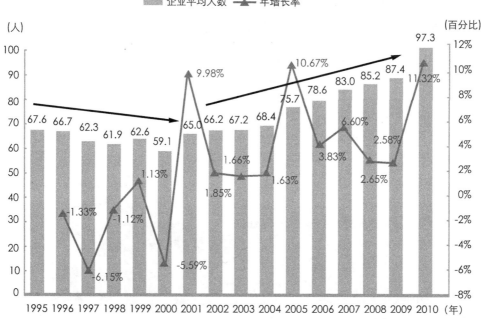

1995—2010年 中国勘察设计行业 企业平均人数

这个数据反映了企业平均规模，2000年又是个拐点，之前的企业规模趋势在下降，之后一直在上升，现在已接近100人。

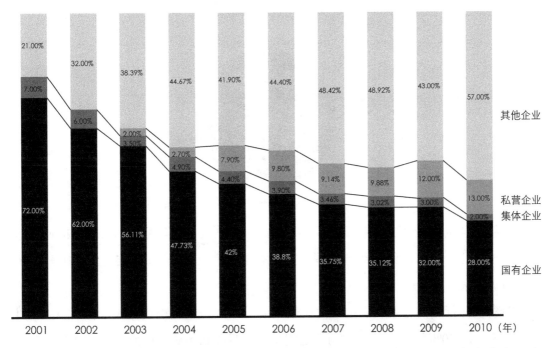

2001—2010年 中国勘察设计行业 企业所有制构成

这是一张有中国特色的图。2010年,在勘察设计行业总数为14622家企业中,有228家非内资企业;在14394家内资企业中,有8210家(占57%)为其他性质的企业;在8210家其他性质的企业中,有限责任公司6818家,股份有限公司955家,其他类型公司437家。

国企比例虽然逐年下降,但相信在9547亿的大蛋糕中所占份额近几年大幅度上升。外企数量很少,但他们在国内主要针对高端市场,营业收入并没有完全纳入统计数据。数量最多的其他性质的企业主要就是民企。

第二章 | 管理转型与行业环境

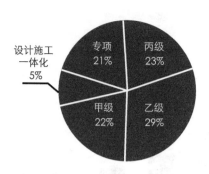

2010年 中国勘察设计行业企业资质等级构成

甲级资质的企业所占比例一直保持在略多于20%。值得注意的是，自2009年设计施工一体化企业首次纳入统计范围，当年有283家此类企业，占2%，2010年飞速增长到750家，比例达到5%。

勘察设计行业的营业收入中，占比最大的两个部分是工程设计和工程承包，合计在总量中占比80%以上。但是，两者之间呈现出反差极为强烈的此消彼长态势。

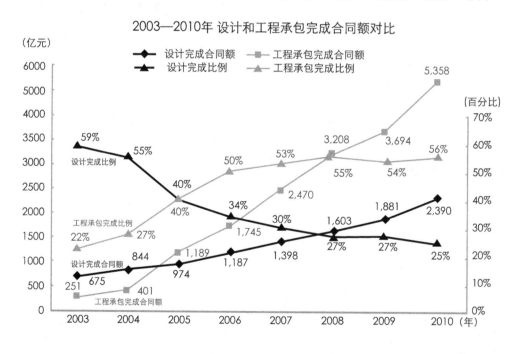

2003—2010年 设计和工程承包完成合同额对比

短短7年时间，工程设计的占比从59%下降到25%，总额仅为7年前的3.54倍；而同期，工程承包的占比从22%上升到56%，总额暴涨到2003年的21.35倍。显然，行业增量的大头是工程承包，而工程承包的主要份额被750家拥有设计施工一体化资质的企业瓜分。这750家中，相信绝大部分是国企或者国有控股的股份有限公司。这就是勘察设计行业这些年的"国进民退"。

工程承包与民企基本没有关系，几乎不可能拿到资质，外企也同样拿不到资质，有非常明显的玻璃天花板，同享"国民待遇"，而不是"国企待遇"。民营设计公司只能做设计咨询，而工程设计的增长比较而言相对有限，所以全行业人均67.1万的年营业收入对于民营设计公司来说是高不可攀的。

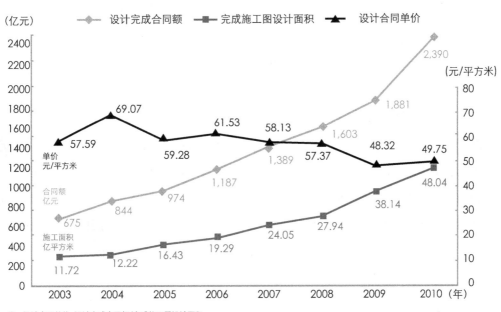

2003—2010年 设计合同单价的变化

注：设计合同单价=设计完成合同额/完成施工图设计面积

这张表中的数据不是准确意义上的设计单价，仅供分析之用。数据显示，近年来，设计合同单价基本呈现逐年下降趋势。

这就有点奇怪了，按道理这个行业是供不应求，按照经济规律应该是价格上升，而不是下降。而且这几年设计公司能明显感觉到与甲方商务谈判时的价格压力。我想这里有两方面的原因：

一是设计公司专业化水平在提升，但比社会需求的提高来得慢。我刚毕业的时候在深圳的一家设计院工作，负责过一栋108米高的勉强算超高层的综合楼设计，建筑专业就我一个人画图，建筑施工图只有30多张。现在出图量大概要翻十倍了吧。问题是我们卖的是技术服务，不是卖图纸的，图纸是一种技术表达载体。那么，这些年我们的技术水准是否有本质性的提高？市场给了否定的回答。刻薄点说，很多设计师并不是在做设计,而是技术劳工,干的是技术劳务的活,甚至有时拼的是体力,把设计变成了制造过程而不是创造过程。与工厂流水线上的工人差别不是很大,可能最大的区别是他们完全靠体力,我们靠体力加一部分技术,我们干的是技术工。设计中没有多少智力产出,不是靠我们的脑力为甲方创造更大的价值去赢利,而是靠拼体力、多干活在经营。只有当你的智力价值能达到甚至超过客户需求的时候,你才能拥有溢价能力。同样是一张草图,可以价值100万,也可以分文不值,区别在于内涵的智力价值有多少。2010年在北京,几位设计公司老总们坐在一起聊天,都感叹公司经营越来越难,设计费上不去,收款风险加大,而经营成本大幅度上涨,员工薪酬诉求更高,企业利润率甚至已低于10%,不如挂靠经营算了,还不用那么费心。牢骚归牢骚,如何提升设计中的智力价值是关键。业内知名的绿城东方设计公司,设计收费比其他设计院高很多,而且还忙不过来,不得不推掉一些项目,为什么?技术含量高。下一章将谈到必须通过研发提高企业的技术含量,才能在未来的竞争中有一席之地。

感觉设计费没有涨的第二个原因是与飞速上升的房价相比,设计费实在是太寒酸了,十年前,房价4千时,设计费每平方米20多元,现在房价4万了,设计费每平方米30多元。究其缘由,是要搞清楚是什么原因导致房价4千涨到4万?如果是因为设计得好,相信设计费不是30多元,300多、3000多元都会有开发商抢着给。实际上,房价上涨与设计没什么关系,或者说关系不大,房价的主要构成是政府收入(地价、税收等等)和建安成本,所以设计费没涨也是有市场道理的。

中美设计行业的对比

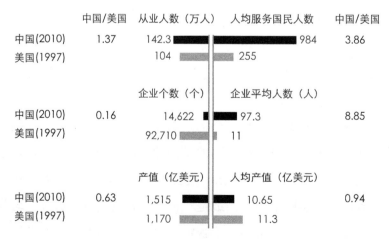

注:人口基数取值,1997年美国人口2.65亿,2010年中国人口14亿。

中国大陆的数据采用2010年的，美国的数据是1997年的（相对而言，美国的行业数据这十几年不会像中国有翻天覆地的变化）。中国2010年有140多万从业人员，比美国1997年的数字多1/3，由于美国总人口少，所以人均服务国民人数中国要高得多，中美之比是3.86。

两国在企业数量上有巨大差异，中国是一万多家企业，美国是九万多家企业，因此造成企业平均规模的极大不同。美国绝大部分企业是微型企业，人数在5人以内，这是两国的行业管理方式不同造成的，中国采取的是审批制，美国采取的是备案制。20世纪80年代改革开放之初，注册一个公司是很难的，有很多审批环节，现在简单了。但设计企业除了工商、税务注册之外，还需要主管部门行政许可才能开业，就是设计资质。建设部规定了申请各级资质应该具备的门槛，这个门槛也是极具中国特色的，是延续下来的原来苏联那套行业管理办法（企业而不是个人有执业资格）与欧美式行业管理方式（强调个人执业资格）的杂交。考出一注有用吗？想自己开公司那是没用的，但可以一年十万元挂给别的公司用，这是注册考试催生的一个地下经济。更糟糕的是你把官方规定的所有材料都准备齐了，报上去，资质却不一定能批下来。所以，在中国资质很值钱，只要有甲级执照，什么都不做卖牌子挂靠都能挣钱。而美国是符合条件，备案即可开业，政府没有审批这个环节，因此，美国有大批微型设计公司，但这些微型设计公司生存周期平均下来可能只有两到三年，你可以今天开公司，过两年经营不下去，随时关门，然后去打工。所以美国设计企业的平均寿命很短，而中国设计企业平均寿命是很长的，但寿命长不是因为中国设计企业的竞争能力强带来的，是因为行业管制带来的。

产值上，中美都到了千亿美元以上规模，人均产值中国仅比美国略低。所以这些年，我们感觉请个外籍建筑师，薪酬已经不是很大问题了。

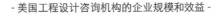

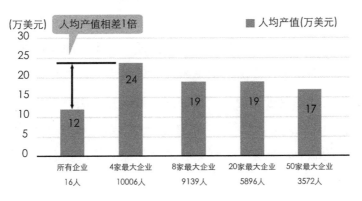

规模效益差异（建筑设计咨询机构）

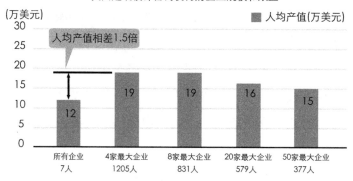

- 美国建筑设计咨询机构的企业规模和效益 -

美国的建筑设计咨询机构类似我们的建筑设计公司，工程设计咨询机构类似于工程公司（即前文提到的设计施工一体化公司）。这两张图反映了美国设计行业存在非常明显的规模效应，越大的公司效益越好。需要特殊说明的一点是，AECOM是美国企业，现在是全球最大的工程公司，四万多人，但1997年时，AECOM还比较小。如果有最新数据，美国大型企业的规模会更大。所以就规模而言，中国与美国相比，大的不够大，小的不够小。还有一个特点就是，中国设计公司没有规模效应，一线城市的甲级资质设计公司，人均年营业收入大体都在35万到50万之间，没什么太大差异，规模大的是这个数，规模小的也是这个数。

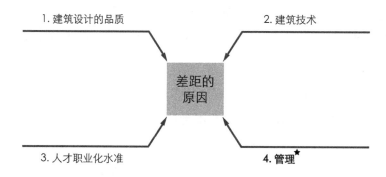

尽管中国勘察设计行业十几年来总量上有了爆炸式的增长，但在质量上还有很大差距。那么差距的关键在哪里？我想，在设计品质、技术、职业化素养、企业经营意识和方法等诸多方面尚有很大距离，但现阶段差距最大的可能在企业管理上。有了正确的企业管理意识，才能促进其他几个方面的提升。有一次，与一家美国著名设计公司副总裁聊天（有合作关系），玩笑中做这样的一个假设，如果我们互换一位建筑师，五年以后这两个人的职业水准会怎么样？我能够想象的是，我们的这个建筑师，只要他是一个正常的人，不是太笨，他到美国工作五年后，至少会成为一位合格的职业建筑师，就像一些外籍职业化建筑师给我们的感受，正规外企的管理体系一定能锻造出这样一个人，当然能不能更出色取决于他个人潜力和努力。那么那个交换到中国企业的老外会有什么变化呢？不知道。可能很好，可能很糟，也可能一般，两个字"没谱"。正如浙江华展工程设计研究院的吴林权在微博上精辟总结了企业现状：经营基本靠老（关系），投标基本靠陪，方案基本靠抄，管理基本靠吵。

  行业发展的巨大差距让我们意识到必须在企业管理思维和机制上进行提升，中国民营设计企业在渡过初创期后，确实到管理转型的时候了。

第三章
Chapter 3

设计公司的战略定位及管理模型

行业内有很多"哥伦布"式的公司。哥伦布1492年出海发现新大陆的历程很有意思，他走的时候不知道要去哪里，他到达美洲的时候不知道在哪里，最后他回来时不知道从哪儿回来的。当然，探险就是这样的，跟着他出发的那帮人估计也是抱着必死的信念出发的，根本就不知道还能不能回来。做企业不是探险，不能学哥伦布，没有一家公司是抱着必死的信念起航的。那么，如何思考企业未来的发展方向呢？本章从三个方面论述设计行业的战略发展方向。

设计公司的三角

××公司建于1952年，是国内具有良好社会声誉的综合性建筑设计与咨询机构。服务范围包括：建筑工程设计与咨询、市政公用工程设计与咨询、建筑智能化系统工程设计、岩土工程设计；城市规划编制；施工图设计文件审查（含超限高层）；工程项目可行性研究、项目评估；工程造价咨询；工程项目管理和工程总承包等领域。

我公司专业齐全、研究和设计技术力量雄厚，现有各类专业技术人员400余人，其中国家工设计大师2名，一级注册建筑师66名，一级注册结构工程师61名，其他各类注册人员90余名；教授级高级建筑师和教授级高级工程师40名，高级建筑师和高级工程师111名，建筑师和工程师160余名。	—— 专业技术

我公司下设第一、第二、第三、第五、第六、第七、第八建筑设计所、工程咨询设计事务所和建筑与城市设计研究所等九个综合建筑设计所，结构与岩土工程研究室，建筑经济室，建筑智能化设计研究所，市政分院，景观分院，装饰分院；8个职能管理部门；5个子公司；此外还设有3个办事处……	—— 管理

五十多年来，我公司共承担国内外工程设计及咨询项目一万余项，有300余项分别获国家、部、省级优秀设计奖，100余项科研成果分别或国家、部、省级科研成果奖、科技进步奖。改革开放以来，我公司设计完成了一大批精品工程，如××世界贸易中心，××国际会议中心等等项目。主编，参编了多本国家和××省工程建设规范、标准，如国家行业标准《办公建筑设计规范》等。我公司与许多国际著名的设计咨询机构保持着良好的合作关系，合作设计了××国际机场等等项目。	—— 市场技术

长期以来，我公司以"设计创新，质量创优，诚信求实，团结敬业，发展争先"为宗旨，始终致力于向社会提供高品质的工程设计与咨询服务，工程设计水平和质量一直得到社会各界赞誉，是国家工商行政管理总局首批命名的"全国守合同重信用企业"，2006年获"十五"全国建设科技进步先进集体和全国优秀勘察设计院等荣誉称号。我公司于1997年通过ISO9001质量体系认证，是××勘察设计行业诚信单位和××省"省级文明单位"。	—— 管理

这是一家国有公司在企业网站上的自我介绍，内容可以归纳为三类：一类是专业技术能力，包括资质、人才、技术成果、获奖、参编规范等等；还有市场能力，包括完成了1万多个项目、列出有市场影响力的重点项目，对外合作等等；第三类是介绍管理，包括组织架构、获得ISO9001认证、省级文明单位、重合同守信用企业等等，以此说明管理能够达到一定水平。其他国企的介绍也大体类似。

前面研讨中关于民营企业过去十几年的关键成功要素的话题，总结下来主要是三方面：大环境好、服务好、老板还不错。老板还不错是什么意思呢？大家普遍会提到三点：老板能接项目、老板能带着我们干活、老板有个人魅力。有的老板能力强，三样都行，也有的是几个人合伙，分工负责，有负责接项目的，也有带人干活的，管理上几个人一起商量。那么，接项目的能力是什么？就是前面分析国企网站介绍所说的市场能力；干活指的是什么？专业技术能力；个人魅力指的是什么？管理能力。所以在总结民企的成长过程时，我们也发现技术、市场、管理这三点是民企生存发展的关键。

再看看外企，大家都知道SOM是由三个人姓名的第一个字母组成的，S是Louis Skidmore，负责专业技术；O是Nathaniel Owings，负责管理；M是John O Merrill，负责市场。KPF同样如此，K是A.Eugene Kohn，负责市场；P是William Pedersen，负责专业技术；F是Sheldon Fox，负责管理。

由此看来，不论哪种性质的设计公司，都可以按照专业技术、市场、管理这三个方面来理解。

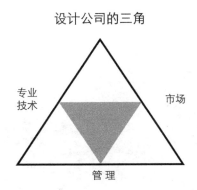

设计公司的三角

设计公司的五种专业化导向

根据设计公司的三角，可以总结出五种设计企业专业化发展的导向：产品导向型公司、技术导向型公司、生产导向型公司、产业导向型公司和客户导向型公司。

第三章 | 设计公司的战略定位及管理模型

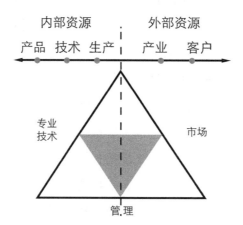

专业技术能力是设计公司最根本的内部资源能力,专业有三种发展倾向:产品、技术、生产,因此衍生出三种不同导向的公司;企业的市场能力是一种外部资源能力,外部资源侧重点的差异衍生出产业型、客户型两类公司。而管理能力不能衍生,管理的价值体现在通过有效的手段和体系方法让企业内部专业技术能力获得外部市场的认可,实现内外部资源的最佳衔接。如果缺乏有效的管理,有专业技术能力不一定能卖出好价钱,或者能接到项目却不一定有能力干好。

下面分别介绍五种专业化导向公司的特点。

产品导向型公司

先看看一些建筑大师的案例:

保罗·安德鲁
巴黎机场公司的首席建筑师
· 尼斯、雅加达、开罗、上海、日本关西等国际机场
· 大型标志性建筑设计

皮埃尔·德梅隆
雅克·赫尔佐格
赫尔佐格及德梅隆设计师事务所

雷姆·库哈斯
创始人 & 首席设计师
荷兰大都会建筑事务所
(OMA)
AMO
OMA 的研究机构
OMA 旗下的一个哈佛军团，他将建筑学的态度延伸到时尚、事件、展览等周边领域

约恩·伍重
澳大利亚悉尼歌剧院
• 700 万美元飞升到 1 亿美元
• 4 年的建筑计划最后 17 年才完成

　　这里列举的几位建筑师都是公认的世界级建筑大师，不论你对他的作品评价如何，都必须承认他们在建筑界的大师地位。他们的作品很多是地区，乃至国家的标志性建筑（如悉尼歌剧院成为澳大利亚的国家象征），在学术上可能是一种探索，一种创新，对社会产生思维冲击力。

但是，创新有成功和失败两种可能，要付出代价。上面列举的建筑在一定程度上算是成功的（尽管还有很多争议），至少建成了，更多的是半途夭折的，不过失败的案例不会广为流传，所以我们只知道大师们光鲜的一面。即便是建成的作品，也是有相当风险的，比如悉尼歌剧院，造价从预算的700万美元飞升到1亿美元，涨了十几倍，建设周期从4年变成17年，这意味着悉尼歌剧院差点成为澳大利亚标志性的半拉子工程。

功成名就的大师们可以名利双收，着实令人羡慕。当下非常活跃的世界顶级建筑大师们，拥有很高的社会地位，甚至可以跨界进入时尚领域，收费也非常高，可以有私人游艇、私人飞机的。听说美国建筑大师法兰克·盖瑞（Frank Gehry）在香港为太古地产设计了一栋高级住宅楼，这是他在亚洲的首个住宅设计项目。方案设计收费每平方英尺40美元，即大约每平方米400美元，该项目8000平方米，总设计费320万美元，约2000万人民币。

大师为什么能有这么高的收费？因为创意是稀缺资源，创意是智慧的体现，大师靠智慧而不是体力计费。

学建筑学的不少人有"大师梦"，不一定是奔着赚钱，而是希望能有成就感。可惜，创意之所以是稀缺资源，大师之所以是大师，就是因为一万个建筑师才能出一个大师，每个大师的背后躺着九千九百九十九具"尸骨"，他们奋斗了，但没有成功。想成为大师，想有流传千古的作品，想赚这个钱，是极不容易的，可以怀有这样一个梦想，但绝大部分人成不了大师。为什么美国有九万多家设计公司，其中绝大多数5个人以内？其中很多人就是怀有这样的梦想，想通过建筑设计实践、个人的努力，看能不能走通大师这条路。尽管大部分人最多坚持三五年就关张，找地方打工去了，但仍然有前仆后继的建筑师开自己的小型事务所。

大师的诞生除了个人潜质、个人努力之外，更需要社会条件的支持。2009年，被强行冠以"国学大师"的季羡林以98岁高龄去世，很多人说，此后再无大师。还有，钱学森之问"为什么我们的学校培养不出杰出人才？"我想，这不是学校的问题，或者说教育问题只不过是表面现象，深层次的问题无法解决，中国的学校就不可能培养出杰出人才。虽然，2012年2月27日，中国建筑师王澍获得2012年度普利茨克奖，令人振奋，但并不意味着中国有大师成长的土壤。我的一位大学同窗，在上海合伙开了一家建筑事务所，在业内（尤其是在学术圈）有相当知名度，每年都被邀请参加众多国外建筑展会。事务所十几个人，项目也不少，收费也不算低，但付出的心血太多，时间成本比常规公司高很多，赚不了多少钱。以他的水平，如果走商品化设计的道路，或者去打工，收入会比现在高很多。他说他知道，只是割舍不下这份建筑追求。我非常钦佩这些抱有"大师梦"并为之奋斗的中国中青年建筑师，他们走在一条近乎死路的道路，这片土地没有为他们的成功提供多少空间。

产品型公司的标志是大师事务所，但众多尝试走这条路的小公司同样属于产品型公司，而不是以成败来归类。

产品型公司核心竞争力是什么？创意！这些公司非常强调自己对建筑的理解，甚至上升到哲学高度，并由此产生独特的建筑设计理念。打开这些公司的网站会发现他们和其他设计公司不一样，从中可以读出对人生、对社会、对环境、对空间、对建筑艺术的独特见解。所以产品型公司的作品很多是独创的，往往不可复制。一件作品成功了，别人换个地方再抄袭一个，那是傻帽而不是大师。不仅别人难以仿冒，大师自己也不满足于沿袭自己以往的套路，而追求有所发展提高，新作品总要有所突破，阐述新的理念。产品型公司相对而言一般规模比较小，大部分由大师或者明星建筑师领衔，他个人能够达到的高度就决定了事务所的现在和未来。比如，大名鼎鼎的贝聿铭事务所在贝先生年事已高、退隐江湖后，就逐渐不复当年的英名。不过，这并不代表贝聿铭先生对建筑艺术、技术的影响力就此消失，而是通过他的学术理念继续传承下去，只不过没有了企业这个载体，这一点是产品型公司与其他类型公司的不同之处。公认的现代建筑四位大师密斯·凡·德·罗 (Ludwig Mies van der Rohe)、勒·柯布西耶 (Le Corbusier)、瓦尔特·格罗皮乌斯 (Walter Gropius)、弗兰克·劳埃德·赖特 (Frank Lloyd Wright) 在 20 世纪五六十年代相继离世，他们的理论、作品至今仍是全世界建筑学教育中的必修课程。

就商业角度而言，大师事务所的赢利是不稳定的，时好时坏，有点像坐过山车，波峰波谷非常明显。这可能是因为大师的设计属于奢侈品，经济危机一来，人们对奢侈品需求大幅下降，大师就没有用武之地了；经济形势一旦好转，大家又开始追逐奢侈品，大师应接不暇。

技术导向型公司

在中国，这类公司最典型的代表是建筑技术研究院。

上海市建筑科学研究院（集团）有限公司
使命
以最新的建筑科学成果为上海和全国城乡建设服务
愿景
成为一个在建设行业中推动科技进步，最具市场竞争力的大型现代咨询服务企业

中国建筑科学研究院
以建筑工程为主要研究对象
以应用研究和开发研究为主
致力于解决工程建设中的关键技术问题
主要业绩：
科研成果及获奖情况
工程项目及产品
标准规范
专利\论文\著作

深圳市建筑科学研究院
绿色城市建设技术服务商

这三家公司都是典型的技术导向型公司，致力于解决工程建设中的关键技术问题，以某一种或多种建筑技术为主要研究对象，并将研发成果应用于具体工程。常规设计公司可能会在有工程技术挑战性的项目中与他们合作。

技术型公司的核心价值在于工程技术领域（如建筑材料、绿色节能、结构技术、机电技术）的不断研发与应用。公司规模可大可小，根据它所专注的技术领域的需求来确定规模。2003年夏天，曾经有一家奥地利的设计公司到当时我所在的CCDI上海公司进行交流，那家公司只有十几个人，聊了两个多小时，我也没弄明白他们是干什么的。现在回想起来，他们应该是属于研究绿色节能技术的专业公司，他们还编写了拥有自主产权的节能计算软件。那时，绿色节能概念在国内没有像现在这样炒得火爆，我以为他们是常规的设计公司，期待看到他们的设计作品，结果很失望，他们介绍的技术我当时也听不懂。

技术型公司在经营上有一个非常重要的特征，就是项目毛利率（收入减去项目直接成本）很高。技术型公司必须首先做技术研发，形成一套技术体系后才能推向市场，承接订单，研发要投大量的人力、财力以及设备。比如一家公司花100万研发出一套既有多层住宅建筑节能改造技术，之后通过市场推广承接了不少咨询项目，每个项目咨询收费20万，也就是把研发成果重复性地应用于多个同类型的具体项目中（当然，每个项目不会完全一样），干活变简单了，项目直接成本就很低，可能5万元就够了，项目毛利率高达75%。如果只接到1个项目，研发成果没有被市场认可，就亏大了；如果接到100个项目，赢利就非常可观了，这也是一种规模效应。

生产导向型公司

中国绝大部分民用建筑设计公司都属于此类。前面谈到过产品型公司那些被广为膜拜或引发争议的作品，设想一下，如果你目光所及的建筑都是大师设计的标志性建筑，你会有怎样的感受？我想你一定会崩溃的，当然，那样的话也无所谓标志性建筑了。任何一个理智的人，都希望有大师作品给我们带来的空间体验和视觉冲击，但是不能随时随地都是这种体验。我们见到的大量建筑是这样的：

广州 天河 中信广场

北京 国贸大厦

上海 港汇广场

酒店建筑

居住建筑

第一张图中的办公建筑标有名字，所以大家知道这是广州天河的中信广场、北京的国贸大厦、上海的港汇广场。如果把名字去掉，有多少人能把这几栋建筑说得准确无误？除非你都去过，而且记忆深刻，要不然你记不住的。第二张图中的几个建筑看起来就像酒店，没有写名字，你知道这是哪儿的酒店吗？不知道。即便你曾经住过，你都未必敢确认。再看第三张图中的住宅建筑，如果这就是你们家所在的那栋建筑，你天天进进出出，估计你也不敢确认，因为类似的建筑太多了。

这些建筑虽然说没有什么特色，但给你的感觉还是比较舒适的，功能是比较合理的，至少是按照当时最合理的功能来设计的，质量比较可靠的，技术是很成熟的，造价是合理的，建设周期也是合理的，是能够按计划实施的，风险不大。这些都是生产型公司设计的，他们设计生产了大批满足日常需求的建筑。

生产型公司与产品型公司的区别在哪里？以汽车行业打比方，产品型公司就像F1赛车，生产型公司就像量产车。这世界上开过F1赛车的人没多少，亲眼见过的也不多，除非你到赛车场，大街上肯定看不到。有位朋友去上海F1赛车场看过比赛，我问他现场看F1赛车是什么感觉？他说没看见，我很奇怪，你不是去看了吗？他说速度太快，嗖的一下车子就过去了，啥也没看到，只闻到轮胎的焦糊味。那么，F1赛车运动如此烧钱，除了本身的商业价值，对汽车行业的发展更是有深远意义。其实，F1自诞生之日起，就是汽车前瞻性技术发展的试验田，在赛道上经过千锤百炼的技术，会逐步应用到量产车上，如涡轮增压引擎、ESP、电子变速箱、牵引力控制系统等等。当然，不是每一项F1赛车技术都能应用到量产车上，大部分由于技术可靠性、稳定性的问题，不适合量产车；还有些技术因为暂时解决不了经济性问题，成本太高，也不适合量产车。据说F1赛车与量产车的技术转化率不到千分之一，但绝不能说这样的探索没有价值。而如果没有生产量产车的公司，估计大多数人到现在连汽车都没见过，更不要说坐车、开车。所以这两类公司都非常重要。

生产型公司的创新重点在于流程化，善于把常规建筑的设计过程进行有效的WBS工作分解，并通过流程化的设计过程控制，达到设计产出的质量可靠、技术成熟、造价可控、周期合理。有道中国菜——鱼香肉丝，绝大部分厨师都会烧这道菜，据说韩国人把这道菜的制作过程分为20道工序，几个人分工负责，按图索骥，质量也算基本过得去。你可能会说烧一道菜还要几个人分工，太复杂了，没必要。的确，如果只是在家里炒个鱼香肉丝，一个略有经验的主妇足够应付了，但如果是食堂做这道菜呢？中午的一个小时可能要出100份，分工合作是最佳的办法。设计过程更需要团队合作完成，所以，每个公司要根据自己面对的细分市场技术特点制订行之有效的作业流程，一般而言，作业流程主要包括三部分：流程、作业指导书、样图。相对于产品型公司的产出可以称为"作品"，生产型公司的产出可以称为"精品"。

生产型公司往往是大中型规模的公司，因为针对细分市场制订工作流程是一个研发过程，需要相当的投入，如果没有一定量的同类项目，这样的研发投入就很不经济。

1776年，英国经济学家亚当·斯密在其划时代意义的巨著《国富论》中，第一次提出劳动分工概念，阐述了分工对提高劳动生产率和增进国民财富的巨大作用。书中斯密描述了分工对苏格兰扣针制作效率的影响：

"一个劳动者，如果对于这职业（分工的结果，使扣针的制造成为一种专门职业）没有受过相当训练，又不知怎样使用这职业上的机械（使这种机械有发明的可能的，恐怕也是分工的结果），那么纵使竭力工作，也许一天也制造不出一枚扣针，要做二十枚，当然是决不可能了。但按照现在经营的方法，不但这种作业全部已经成为专门职业，而且这种职业分成若干部门，其中有大多数也同样成为专门职业。一个人抽铁线，一个人拉直，一个人切截，一个人削尖线的一端，一个人磨另一端，以便装上圆头。要做圆头，就需要有两三种不同的操作。装圆头，涂白色，乃至包装，都是专门的职业。这样，扣针的制造分为十八种操作。有些工厂，这十八种操作，分由十八个专门工人担任。固然，有时一人也兼任两三门。我见过一个这种小工厂，只雇用十个工人，因此在这一个工厂中，有几个工人担任两三种操作。像这样一个小工厂的工人，虽很穷困，他们的必要机械设备，虽很简陋，但他们如果勤勉努力，一日也能成针十二磅。以每磅中等针有四千枚计，这十个工人每日就可成针四万八千枚，即一人一日可成针四千八百枚。如果他们各自独立工作，不专习一种特殊业务，那么，他们不论是谁，绝对不能一日制造二十枚针，说不定一天连一枚针也制造不出来。他们不但不能制出今日由适当分工合作而制成的数量的二百四十分之一，就连这数量的四千八百分之一，恐怕也制造不出来。"

20世纪初，福特汽车公司推出世界上第一条汽车生产流水线，把装配一辆车的728个工时降为T型车12.5工时，生产速度达到每十秒一辆车。

建筑设计是定制产品，虽然不像标准工业产品那样能大批量100%复制，但同样能借鉴这种思维方式。据统计，任何划时代意义的创新产品，98%以上依赖于已有技术，只有不到2%是全新技术。生产型公司就是能把这98%的现有技术解析做到极致。

中国设计企业平均规模近百人，基本上都是生产型公司，按道理项目管理的精细化程度应该是最高的，但实际情况可能恰恰相反。大部分公司没有细分市场意识，也没有及时的技术总结和工作分解，接到的每个项目都是"新"的，相当于每个项目都要研发一次，而且只用一回。简言之，收费是按量产车收的，活是按定制车干的，因此很累，甲方还不一定说你好。

生产型公司由于面对的是大众客户，整个市场的需求量大，同时生产型公司的技术水平相对成熟、稳定，流程相对简单，因而成本的控制相对容易，因此生产型公司的盈利水平相对稳定。

产业导向型公司

先看看在业内广为人知的两家外资公司。

AECOM

《工程新闻记录》500强设计公司
- 纯设计类排名第1
- 交通运输类排名第1
- 轨道交通类排名第1
- 一般建筑类排名第1
- 有害废料类排名第1
- 教育建筑类排名第1
- 总体排名第2
- 绿色设计类排名第4

专业服务领域
- 建筑设计、建筑工程、项目管理
- 规划+设计、经济规划
- 能源、环境管理、政治服务、交通运输、水务

500强	《财富》500强公司之一
61亿	2009年总营业额达61亿美元
45,000	全球共有45,000名员工
>100	业务遍及全球100多个国家

AECOM（纽约证券交易所代码：ACM）出道时间并不长，1990年正式创立。AECOM五个字母分别代表Architecture（建筑设计）、Engineering（工程）、Consulting（咨询）、Operation（营运）、Maintenance（维护），这是典型的产业链思维。在中国，AECOM把陆续兼并的多家公司（易道、城脉、茂盛等）的国内部分整合为1500多人的中国区团队，按专业市场分为轨道交通、建筑、规划+设计、能源、水务与市政发展、环境、建筑工程、项目管理/施工管理，采用矩阵式管理模式。

阿特金斯 ATKINS

- 英国最大的工程顾问公司
- 欧洲最大的多专业咨询公司
- 世界排名第五的设计公司

产业领域
- 酒店、旅游、机场、医疗、石油天然气工程、交通运输等

5	世界排名第五的设计公司
23.4亿	2009年总营业额达23.4亿美元
18,000	全球共有18,000名员工
>70	70个分布海外公司和办公室

阿特金斯是由传统设计公司发展演变成产业型公司的。1938年创立的阿特金斯，

初期是结构设计事务所，第二次世界大战后英国百废待兴，阿特金斯进入建筑设计领域，变成A+E的公司，逐步发展壮大。20世纪80年代，在当时的英国首相撒切尔夫人主导的新自由主义新政中，大量国企被私有化，阿特金斯借此时机并购一些上下游公司，转型为产业型公司，并于1996年在伦敦证券交易所上市。

传统设计公司里的设计师认为自己是搞设计的，而产业型公司（一般称为工程公司）里的设计师应该被理解成搞技术的。之所以在有些产业中，需要工程公司提供的全套服务，就是因为产业链中的其他环节对技术有很高的诉求，而一般来说，设计公司是产业链中对技术掌握程度最高的，因此，有些设计公司逐步演化为工程公司。换句话说，工程公司就是把它的专业技术能力不仅仅用于做设计，还用于其他环节上的服务。所以掌握产业链的核心技术对工程公司来说至关重要，而不一定是设计（甚至可以不做设计）。当然，很多工程公司的设计业务代表了它对核心技术的掌握。实际上，专业出身的设计师都是有一定技术能力的，而传统设计公司就是把技术能力的表达形式局限在设计环节，没有拓展到咨询、项目管理等上下游的其他环节。

曾经听说阿特金斯在伦敦地铁改造中的案例。1863年（那时中国才刚被列强打开国门），世界上第一条地铁在伦敦投入运营。20世纪末期，伦敦地铁需要改造，阿特金斯牵头承担了8条线路、为期30年的升级改造工程，包括前期咨询、融资（据说，阿特金斯为此成立了专门的融资公司，其中阿特金斯占20%的股份）、规划设计、技术设计、项目管理、设备采购、安装调试、运营等一系列工作。

阿特金斯1994年正式进入中国，并试图把产业型的服务带到中国。上海有一个松江泰晤士小镇，是上海的一城九镇之一，前期工作是阿特金斯做的。政府希望阿特金斯利用他们在英国的丰富经验，把这块地建成英式小镇，于是阿特金斯就用产业型公司的业务模式开始行动，先是经济规划、财务测算，然后是城镇规划、建筑导则，再向社会推广。据说当时上海市政府召开新闻发布会，新闻稿都是由阿特金斯撰写的。这样运作到半截，政府把阿特金斯踢出局了。为什么？这是中国国情——土地国有制决定的，阿特金斯在这个项目中扮演的角色是城市运营商，而中国土地国有决定了城市运营商在中国只能由政府或政府委托国有公司来担当。前些年一些民企开发商喧嚣一时的城市运营商概念没多久就销声匿迹，根源也在这里。

由于行业管制，阿特金斯在国内就变成设计公司了，我想它一直在苦苦守候中国市场开放的那一天。18年了，这一天还没有到来。几年前，AECOM也来到中国，主要业务也是设计，同样在等待中。

勘察设计行业的18个分类中，相对开放的仅是民用建筑设计领域，只是其中的1/18，其他的诸如轨道交通、水利、市政、化工、煤炭、石油设计等分类名义上开放，实际上都存在玻璃天花板，民企和外企都难以进入。而对工程公司的产业型服务需求在17/18中更明显，那些领域中的设计公司更容易转型为工程公司。尽管如此，还是有民营设计公司在民用建筑领域尝试产业化转型，如上海的三益中国，经过几年的努力，已初步转型为在商业建筑领域涵盖策划咨询、规划设计、商业设计、建筑设计、项目管理、招商与销售、运营等上下游全产业链的服务能力。我想，他们下一步的发展方向是推出"三益中国商业广场"的品牌，成为开发商，为商业地产投资商服务。

华东科技（002140）

- 化工细分建筑领域专家
- 公司前身是化学工业第三设计院（化三院）
- 主营业务为化工、石油化工领域相关的工程咨询设计服务和工程承包服务
- 拥有化工、石油化工、市政、医药等十多个领域的咨询、设计和工程承包甲级资质
- 2009年公司总承包收入为16.09亿元，占比为90.87%

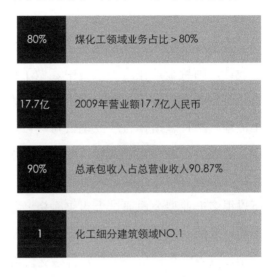

东华科技2007年在深交所上市，2011年营业额23.46亿，员工823人，人均营业收入285万元。东华科技前身是化三院，典型的国有工业院，生产型公司，改制后上市转型为产业型公司。在其总营业额中，设计版块已不到10%，但最关键的恰恰是这个10%，因为设计业务浓缩了它的技术精华，才使其有能力延伸到煤化工产业的其他环节。

由传统设计公司发展而成的产业型公司，最重要的能力是产业链上下游的整合能力。有些设计公司对外宣称的一体化能力（包括规划、建筑、结构、景观、室内等等），属于设计的横向拓展而不是纵向拓展，是产业链的设计环节，而不是产业化能力。业内知名的五合国际，提出5+1业务模式，其中的5就是横向拓展，另外的1是做咨询，属于往上游拓展。

还有些公司，特别是国营大院，各种横向、纵向的资质齐全，表面上看是产业型公司，但没有产业型公司的实质。各业务模块之间是相互独立、财务上自负盈亏的利润中心,没有业务关联度,各自为战。

阿联酋阿拉伯度假酒店

目前世界上最高的独立式酒店
在该项目中阿特金斯主要承担了:
· 总体策划与全部设计
· 建筑施工管理
· 设备采购及调试
· 全部室内装修设计管理及施工监理

我们都知道阿特金斯承接了著名的迪拜帆船酒店的设计,但可能很少有人知道除了设计,阿特金斯在这个项目中还做了什么。在这个项目中,阿特金斯主要承担了:总体策划与全部设计、建筑施工管理、设备采购及调试、全部室内装修设计管理及施工监理。阿特金斯作为产业型公司,可以提供全产业链服务,也可以提供产业链多个环节的服务,很少会提供单一环节的服务,除非是受限制(如在中国)。

产业型公司往往都是大型甚至巨型公司。由于产业化发展对资本有比较高的需求,所以很多产业型公司通过上市来融资。相对于传统设计公司,产业型公司的营业额非常高,利润总额也高,但利润率不高,这是因为它的成本构成与传统设计公司有很大区别,收入中有相当比例是要转移支付给供应商的。

客户导向型公司

前面四种类型的公司,通过案例分析很容易理解。最后一种公司——客户型公司,在2009年初我做理论研究时,还找不到这样的案例,只是觉得理论上应该是存在的。

客户需求解读
比客户还了解客户

国家电网世博企业馆

IBM，这不是搞计算机的吗，和设计行业有什么关系呢？

IBM(International Business Machines Corporation)1911年创立于美国，全球最大的信息技术和业务解决方案公司，全球雇员逾40万人，2011年营业收入1069亿美元。在一百年的企业发展历程中，IBM多次成功实现商业模式转型。2002年，IBM以35亿美元收购了普华永道的咨询部门，把重点放在推动企业发展并为企业解决战略等问题的咨询、服务及软件领域，同时在硬件领域关注高价值的芯片技术，形成咨询、服务、软件、硬件四大业务板块。

2009年年中的一个晚上，我和CCDI的总经理赵晓钧在上海的一间茶室聊天，赵总谈到在上海世博会国家电网展馆设计过程中CCDI与IBM的合作，他告诉我IBM就是客户型公司。这个故事是怎样的呢？2010年世博会决定在中国上海召开后，国家电网公司接到在世博园建设企业馆的任务，这件事对国家电网公司来说是第一次，而且是重要的政治任务。按常规建设程序，先做建筑设计招标，这很自然的想法。当国家电网公司正准备发布设计招标文件时，IBM知道了这个情况（当时IBM正在为国家电网公司做另一个管理咨询项目）。于是IBM紧急展开了客户研究，得出的结论是：第一，国家电网公司面对这种世界顶级标准要求的世博会展馆建设，有品牌、有实力，但缺乏具体操盘能力；第二，国家电网公司现在不具备这种能力，未来也不需要具备这样的能力，因为2010年世博会是在中国举办，以后世博会只要不在中国举办，国家电网公司是不会在他国建展馆的，而下届落户中国的世博会应该在很多年之后，所以通过这个项目建立类似项目的操盘能力是没有意义的；第三，这是一个政治任务，只能成功不能失败。IBM分析了这三点后，给国家电网公司提出一个建议，这个项目应该交给一个有能力整合全球最高水准专业单位的公司来完成，所以国家电网公司第一步不应该进行建筑设计招标，而应该进行项目的整体解决方案的招标。这个建议非常好，如果真的按常规程序，先做建筑设计招标，然后室内设计招标、展会布展空间设计招标、特殊声光电技术的招标，还有各种施工招标、广告公司等，相当复杂的过程，更有大量的高科技成分。所以国家电网公司决定采纳IBM的建议，那么整体解决方案的招标中标的是谁呢？IBM，因为它最理解客户的需要。IBM作为项目总包单位，内部确定了参与合作公司的标准，即在所处行业中排名前三。CCDI作为2008北京奥运场馆的主要设计供应商之一被IBM确定为建筑设计合作伙伴，其他的还有室内设计、展会设计、技术设计、广告公司、公关公司等一系列公司，据说其中包括张艺谋2008年奥运会开幕式部分团队、意大利的公司、日本的公司、美国的公司，IBM把全球最好的资源集中到这个项目中，拿出一个全套解决方案，一举中标。

这里，要说明两个概念的区别：客户需要与客户需求。客户需要是深层次的一种诉求、倾向，而客户需求是这种诉求、倾向的现实表达。比如说，有一天你很饿了，发现路边有了小饭馆，你进去问：老板，来两个包子。不巧的是，饭馆里没包子卖，饭馆老板可能有两个反应，一是他说，对不起，我们不卖包子；二是老板说，您饿了吧？我们这没包子卖，但有馒头，您要不来两个？这个例子中，你饿了是需要，包子是你的需求，你之所以进了饭馆点包子是因为没有人在饭馆里不点菜，仅说饿了，而你正好喜欢吃包子。第一种情况下，饭馆老板的思维模式是满足客户需求，没有包子就不能满足客户需求；第二种情况下，老板察言观色，知道你很饿了，也就是察觉到你的需要。

需求和需要之间理应存在逻辑关系，但实际生活中，需求未必是需要的精准翻译。在设计过程中，甲方的设计任务书就是一种需求，但有些时候，因为甲方受经验、专业水准的限制或者其他一些原因，按设计任务书进行设计未必能满足甲方的真实需要，这可能就是设计师经常抱怨按甲方要求做的设计却总得不到认可的根源。相对经验丰富的建筑师在面对操盘经验不够丰富的客户时，会在动手设计前，从分析客户需要入手，有时应与甲方重新拟定设计任务书。当然，面对万科、金地、龙湖这样的一流开发商就不需要了，他们的市场及产品研发能力远强过一般设计公司，直接按他们的设计任务书要求进行设计就可以了。

客户型公司是能满足客户需要的，甚至不仅是满足客户当下的需要，还能引导客户的需要。

IBM在国家电网公司世博展馆项目中，充分展示了客户型公司的专业能力，虽然团队中没有IBM的设计师，但所有合作公司在IBM的客户理解力和卓越的管理能力领导下，顺利地完成了这个项目。当然，他们的收益是非常可观的。在所有五种类型的公司里，理论上客户型公司的利润率是最高的。

上面的案例还有更加精彩的后续故事。IBM在上海世博会国家电网公司展馆操作成功后，继续研究客户：国家电网公司作为央企，有垄断性质，国民对垄断是有意见的，世博会展馆的成功说明让国众更多地了解电力行业的技术发展，通过互动式的体验让民众能够参与，是一个树立良好企业形象、缓解社会矛盾的有效手段，因此建议国家电网公司在全国各省建立国家电网公司展示馆，也就是在重点城市建小型世博馆，还可以作为青少年教育活动基地，另外还有经济效益，现在地价飞涨，建这样的展馆，花钱不多,还可能通过行政划拨的方式拿地。这又是一个很好的主意,国家电网公司采纳了。也许,几年后,我们可以在一些省会城市看到国家电网公司的展示馆。

这就是客户型公司,可以不承担任何具体工作,但是能做到比客户还了解客户自己。

几点说明

1. 木桶效应。五种战略导向的公司说明了企业之间核心竞争力的差异,但并不是说每家公司仅具有其中一种能力,实际上每家企业或多或少这五种能力都有一点,区别在于能力的侧重点。

假设木桶(公司)由五块板(能力)组成,五块板分别是产品、技术、生产、产业、客户,哪种战略导向的公司意味着对应的能力成为木桶的把手,可以方便地把木桶拎起来,这个把手就是企业的标志。我们知道汽车业里,沃尔沃以安全著称,宝马强调操控性能、驾驶乐趣,奔驰讲究乘坐的舒适感、奢华感,其实这三个品牌的同价位车型99%都是一样的,只有1%的差异,这1%分别是安全、操控、舒适,是各家企业品牌宣传的重点。生产型的设计公司除了有效的流程控制能力之外,也会做一些产品型的创新,掌握一些建筑技术,对产业发展(比如豪宅)做一些调研、理解前期策划定位、后期项目管理,对客户做一些研究、提一些建议,但最重要的是强化生产型公司的优势。

2. 不同类型的细分市场(下一章详细介绍这个概念)对专业化导向的需求有差异。比如说,博物馆建筑,这种建筑形式只应该是产品型公司去应对的,不能让生产型公司去批量生产博物馆,像世博场馆这种代表新技术发展理念的建筑也应该是产品型公司的作品。住宅建筑市场显然是以生产型公司为主,化工建设领域需要东华科技这样的产业型公司。所以,在选择细分市场时要弄清楚它对哪种导向型的公司有主导性需要,否则,你偏要在产业型公司为主的行业中寻找产品型公司的生存空间,几乎注定失败。

3. 五种专业化导向并无高下之分。我们千万不要纠结于建筑师的大师情结，非要把公司变成一个产品型公司。从理性角度来说，五种公司各有特色，关键是团队的意愿是什么？我们想成为什么样的公司？

4. 产品型、技术型、生产型公司面临的是行业内竞争，产业型、客户型公司会面临许多跨行业的竞争。产业链中原来从事其他环节业务的公司也有可能上下游延伸，发展成产业型公司，比如一些策划公司意欲发展设计业务。客户型公司间的竞争中，就更有可能碰上那些原来与设计界完全不搭界的对手了。

5. 不同类型的设计公司在日常管理上有很大差异。以人才差异为例，产品型公司核心能力在于创意，核心人才是大师或明星。生产型公司注重流程能力，那些有能力通过WBS把设计过程拆解成若干可控环节的技术人才很重要。产业型公司以技术为出发点，注重上下游的延伸，所以核心人才是能把技术不仅用于设计环节，而且应用到产业链的其他环节的人才。

6. 设计公司是否应该上市？2012年3月30日，我有幸受邀参加建筑中国（Archina）组织的一次设计界的"设计企业融资与资本专题研讨会"，与会人士是当下中国民营设计界北京、上海、深圳三地的大中型企业领导人。我认为"设计公司是否应该上市？"这个问题本身就是个伪命题，无法回答。从五种类型的公司而言，产品型、技术型、生产型公司在企业发展过程中对资金的要求没那么大，大部分时候靠自有资金积累就可以实现滚动发展，不需要上市，更何况外来资本很可能会破坏智力型企业的内在运营规律。产业型、客户型公司的发展对资本有较高的需求，上市是解决资金来源的一个重要手段，所以可以谋求上市，而且中国国情下上市公司要比非上市公司的品牌价值高。当然如果有其他融资手段，未必选择上市，因为上市有很多很苛刻的条件，对企业发展不仅有良性作用也有些不利影响，所以要比较优劣选择是否上市。

设计公司的业务模式

设计公司之间,不仅有五种战略发展导向的差异,还有所处发展阶段的差异。阶段差异主要表现在业务模式上,而不只是表面上的规模大小之分。

在企业初创时,接活—干活是两件最重要的事,甚至是唯一重要的两件事,换成管理上的术语就是销售—运营。北京九源国际的江曼女士打了个形象的比喻,初期办公司就像和面,面多了加水,水多了加面,和得差不多了上锅,蒸出包子大家分了吃(分红)。随着公司越来越大,有了一定规模,问题来了,首先是人多了,接活的量也必须水涨船高,而且只靠一两位老总接活,市场形势好的时候还好办些,现在市场变差了,接活越来越难,老总整天在外面跑单,没时间处理内部事务,问题颇多。即便如此,一个人的力量总是有限的,企业规模反而受老总销售能力制约。有的公司组建了经营部负责接活,但运作下来,发现老总不出面还是不行,经营部员工最多能打个下手,办理点事务性的工作,难以被甲方信任。还有的公司试图引进有销售能力的合伙人(董事),但资源是有限的,而且有销售能力的人更愿意自己开个公司。

如何摆脱这样的困局?前文谈到成功企业的标志时,大家都提到了"品牌",这意味着在业务模式中要加上一个环节——市场。

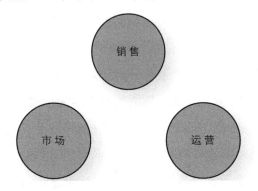

在管理概念,市场(Marketing)和销售(Sales)都是为企业获得客户订单而做的营销工作,但两者有很大区别的。Marketing是提升企业的品牌影响力,维护品牌形象,扩大企业在目标客户群中的知名度,促使客户在有需求时,会想到该企业,一句话市

场是创造引导需求。Marketing通常不针对具体客户或具体项目。Sales是在产生销售线索时，运用销售方式和技巧，与具体客户就具体项目达成合作协议，销售是满足需求。所以，Marketing和Sales是相互依存的关系。企业在Marketing上的投入是否有成效最终反映在Sales的成果上，Sales也必须得到Marketing的前端支持。

企业品牌有了价值，员工（而不只是老总）就可能参与销售了。比如4000人规模的CCDI，早已不可能靠赵晓钧、单增亮两位老总去做销售了，CCDI的经营团队有数百人，每年新签合同额几十亿。客户凭什么信任一位销售经理呢？因为Marketing已经告诉客户，CCDI是一个怎样的公司，有哪些技术特色、成功业绩，客户知道销售经理是代表公司来洽谈业务，而不是代表他个人。这是一种组织化的营销能力，而不是个人化的营销能力。CCDI之所以从2003年开始有很快速的发展，其中一个重要原因就是他们在设计行业之中率先做了Marketing，是最早有市场意识的公司。

营销有主动式和被动式两种，设计公司一般销售途径可能有几个：回头客、关系介绍来的新客户、优秀项目吸引来的新客户、听说项目信息后再拐弯抹角找关系联络上的、通过招投标中标得到的，由于没有在Marketing上的主动投入，这些途径都属于被动式营销。设计公司作为智力型组织，是专家式（顾问式）销售，与传统行业的销售方法有很大区别，主动式营销不是打骚扰电话、发短信，更不是上街派发名片、宣传单。我们都知道，甲乙方之间谁先打第一个电话对今后的合作关系往往有很大影响，尤其是当客户被企业品牌吸引而主动寻求合作时，设计公司在商务谈判中能相对处于有利地位。设计公司主动式营销应表现为Marketing主动、Sales被动。

形成市场—销售—运营的业务模式，新的问题又产生了，公司里接活的（市场和销售）和干活的（运营）两拨人天天吵架。为什么呢？干活的经常抱怨接活的：你们这帮人不懂技术，接了不少乱七八糟的活，设计周期不合理，工作量那么大，设计费又低，甲方什么要求（合理的、不合理的）都敢承诺，搞得设计师们手忙脚乱，没法安排项目计划，临时加班成了家常便饭。接活的对干活的也很有意见：接个活容易吗？哭爹爹告奶奶好不容易把合同签下来，你们还一堆抱怨，你们知道在外面有多辛苦吗？经常在别人办公室门口等一个上午就打了一个照面而已，热脸贴冷屁股的滋味你们尝过吗？还有那么多应酬，要当"三陪"。好不容易接个活，你们还不愿意干，不信你们去接活试试看。大家的抱怨都有一定道理的，解决问题的关键在于我们的业务模式中需要增加一个环节，这个环节就是研发。

我们知道技术导向型公司是必须先做研发的，比如深圳建研院以绿色技术体系在

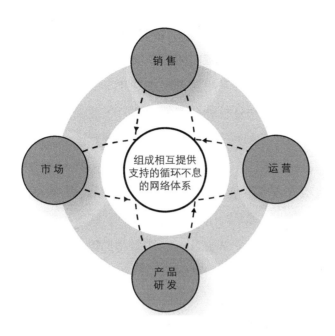

中国南方地区享有盛誉,他们在多年前开始聚焦这个细分市场时,花了很长时间、聚集很多人才去研发,对各种绿色技术进行了大量技术总结和提炼,形成一套适合当前中国国情的技术体系,并且系统性地持续不断地在研发上投入,以保持领先地位。在体系的基础上,深圳建研院开始做Marketing,参加各种形式的论坛、研讨会、当老师授课等等,谈的都是这套技术体系、产品体系和成功案例,这些都是有效的市场行为。市场宣传获得了部分听众的认可,反馈信息产生了销售线索,洽谈成功后干活就很简单了,因为干活就是把已经研发成功的技术体系应用到具体项目中。

研发的内核是公司针对目标市场的技术体系,在此基础上的外在表现形式有两个:产品体系和WBS工作分解。前者用于市场推广,后者用于内部运营指导。

这样,研发—市场—销售—运营的业务模式形成良性的业务循环。以同样是智力型企业的ADU为例,2008年4月,我创办了专门针对设计行业的ADU企业管理咨询公司,首先花半年时间做研发,那半年我在上海交大的一间办公室里,每天就是看书、思考、写东西,把在设计行业多年的管理体验进行理论整理、提炼,形成一套针对设计公司的管理体系。在此基础上,我开发出战略研讨会、战略顾问、咨询项目、培训这四种产品以满足客户的不同需求。之后我开始做市场推广,包括在同济大学、清华大学设计总裁研修班讲课,参加Archina、Di设计新潮等媒体主办的论坛、研讨会等等。在这些活动中我结识了很多行业中的新朋友,有些朋友认可了我的管理理论,并主动与我洽商合作方式,也就是在上述四种产品中选择合适的组合,ADU的大部分客户都是听了我的课来找我的。合同签订后,执行合同并不难,因为这四种产品我都研发出对应的课件和流程。合作过程中,一方面我帮助客户在管理上提升,另一方面客户也给我启发,促进我在研发上持续推进,这本书就是4年多来持续研发的一个总结,相比4年前,我对智力型企业特别是设计公司的管理有了更深层次的认识,同时不断补充到课件中。也正因为如此,ADU的产品价格每年都上涨,以为期两天的战略研讨会为例,现在的价格是4年前的3倍。

以上的论述都是从乙方角度看业务模式,不妨换个角度从甲方角度看研发—市场—销售—运营的业务模式。以买车为例,我们(客户)基本上都是通过各种渠道的广告了解汽车厂商的,这就是他们的Marketing,广告传递给我们的信息主要有两个:品牌特色(技术体系的特点)和车型(产品体系),而且不同厂商针对不同的客户群选择不同的市场渠道,比如在上海就没有中低档车的广告,因为上海车牌的拍卖价已达6万元,能买车的一定会买中高档车。当你有买车(或换车)的消费需求时,脑子里会出现一些品牌或车型,然后到4S店看车、试驾,这就进入了销售环节。当你基本确定了某一款量产车时,就接受了厂商的产品体系,只能在给定的选项中选择配置和颜色。

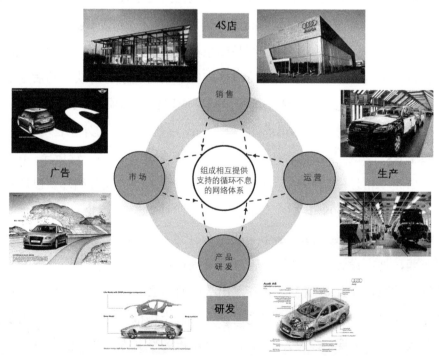

买车的过程中你只能接触到厂商的广告和4S店,也就是市场和销售这两个业务环节,不过你一定知道厂商有车间,流水线上生产的某一台车将来就是你的座驾。不过,

汽车厂商最重要的是研发环节，研发出来的车型用于广告宣传，研发出来的流水线工艺决定了工厂如何组织资源和流水线生产。

如果你在4S店看中了一款车，但只有7种颜色可选，而你想要第8种颜色，销售人员一定告诉你NO，接受客户的合理需求，拒绝不合理需求。当然你如果愿意给10倍的价钱，或许他会说YES。那么什么是合理需求，什么是不合理需求？汽车厂商认为合理的就是经过研发的，不合理的就是没有经过研发的。你给10倍的价格，就额外给了他研发费用，不合理的就变成合理的了。

设计行业与汽车行业不同的是，生产中甲乙双方存在一定的交互式过程，这就更需要我们关注研发对生产运营环节的指导作用。我曾经在房地产公司工作过8年（1994年中—2002年初），经常以甲方身份去设计公司，总感觉设计公司的办公室乱糟糟的，到处堆着不知道哪个项目的图纸，员工们熬夜熬得睡眼惺忪，精神不振。这样的场景如何让甲方对乙方的生产有信心？

五种战略导向的设计公司都是需要做研发的，不同的是侧重点不同。随市场开放逐步成长起来的民营设计公司在研发上的困境是：能从事研发的人才往往就是生产一线的核心技术骨干，即便明白研发的重要性却在资源投入上捉襟见肘。企业在投入研发的初期，可以选择细分市场中具有典型意义的项目，结合具体项目展开研发，项目目标不仅是完成设计，收到钱，还必须总结提炼出一套应对同类项目的技术方法。尝到甜头、研发意识提高后，再成立研发中心，组织一些技术力量，开展必须脱产的研发课题。研发中心是企业研发环节的组织机构，并不是只有研发中心的员工才可以承担研发课题，有一定经验的一线员工都可以申请课题立项并参与研发，这个过程既支持了员工成长，也帮助企业发展。

设计公司的四个发展阶段

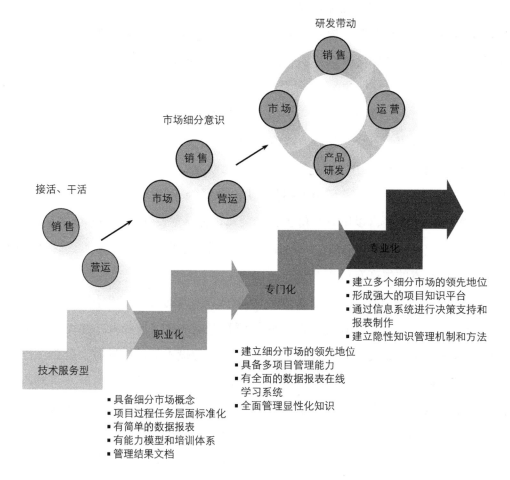

上图的显性化知识是一般指可存档管理的图纸、信息等，隐性知识指工作方法、思考路径等

理解了研发—市场—销售—运营的业务模式，我们就知道大部分民营设计公司还处于比较初级的企业发展阶段。可以把设计公司分为四个发展阶段，分别是技术服务型、职业化、专门化、专业化阶段。技术服务型公司就是强调服务好，以基本的技术能力加体力为客户提供服务。职业化公司脱离了作坊式的公司管理格局，开始有企业经营管理意识，员工和公司用职业化的视角看待市场和管理。专门化的公司开始在细分市场取得领先地位，有一定品牌知名度，内部管理基本完善。专业化的公司已经形成高效的业务模式，确立了牢固的市场地位，管理系统支持员工快速成长，人才辈出。

在与外企（不是那种挂羊头卖狗肉的假外企）合作中，我们会时常把生产型公司误以为产品型公司，这是因为企业发展阶段的差异。大牌生产型外企已处于专业化阶段，而我们处于比较低层次的技术服务或职业化阶段，所以我们认为他们很有想法、很有创意,其实这些都不是创新,他们早就总结、应用过多次,只是我们不了解而已。比如 SOM 和 KPF,可能都给我们产品型公司的印象,但对这两家公司都比较了解的朋友告诉我,SOM 更像产品型公司,KPF 更接近生产型公司。以商业建筑设计著称的杰德和凯里森相比,杰德是产品型公司,凯里森是生产型公司。国内不同地域的设计公司间也有这种现象,一线城市的大牌设计公司面对三四线城市的开发商时,提出的一些常规理念可能被认为很有创意。

设计公司的战略矩阵

以五种战略发展导向为横轴,四个企业发展阶段为纵轴,就形成设计公司的战略矩阵。

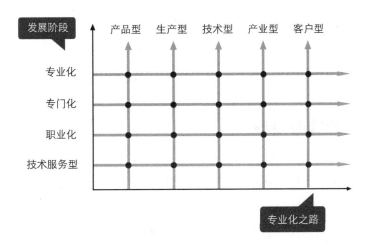

所谓战略,简单说就是两点一线。一个点是我们现在所处的位置,另一个点是公司未来的发展方向,一线就是现在和将来之间要经历的过程。在我所经历的多家设计公司内部研讨中,大部分高管层对现状位置能达成基本共识,但对未来发展方向的选择差异非常大,这也是在日常工作中高管之间对一些经营管理行为产生争议的根源之一。

企业的管理进步常被称为管理转型,根据上面的战略矩阵图,可以把管理转型分为三个层次的转型:第一种管理体系的补充完善,是渐进式进步;第二种是管理体系的升级,转型成功的标志是企业迈进上层次的发展阶段;第三种转型是战略发展导向的转变,意味着企业核心竞争力的变化。

这三种转型一个比一个难度大,成功率一个比一个低。特别是在第三种转型中,如果想从传统设计公司转型为产业型或客户型公司，内部会有巨大的阻力。企业的文化氛围、治理结构、运营模式、人才结构都要发生根本性变化，公司里会出现学经济学、社会学、法律、金融、贸易等等很多不同专业的人才，而且位居重要岗位。2008年，阿特金斯在英国的1万多名员工中，建筑师只有381名，这已经不是我们概念中传统的设计公司。还有，产业型和客户型公司对掌握外部资源能力的要求很高，与传统设计公司有天壤之别。

国内各建设领域的产业型公司刚刚起步，客户型公司还没有，所以很多人认为产业型或客户型公司面对的市场是蓝海，而不像传统设计公司面对的是红海。我认为，这种想法值得商榷。在市场经济条件下，产业型、客户型公司的市场是大鳄游戏的市场，是你死我活的竞争，非常残酷，最终市场格局将遵循3R法则，即在每一个细分市场中只有前三名才能生存。当然，中国不是完全的市场经济，有很多行政壁垒民企无法逾越，民企只能在有限的自由市场中寻找生存空间，转型难度更大，即便转型成功，生存发展同样艰难。而传统设计公司的核心资源是智力，资本等外部要素的注入难以起到直接杠杆作用，并不为大鳄们所看重，反而可能有大量中小企业的生存空间。

设计公司的管理模型

前面谈的是设计公司的战略定位，不论我们选择哪种战略方向，都需要通过日常管理落地。我们再从设计公司的技术—市场—管理这个三角来推导日常管理框架。

从业一段时间的设计师们对管理都有些片断式的理解，公司的管理会议上，大家可以提出很多意见和想法，但又觉得牵一发而动全身，看似局部问题动手解决往往演变成全局问题，不知如何下手。这可能是由于缺乏智力型企业管理的理论指导。

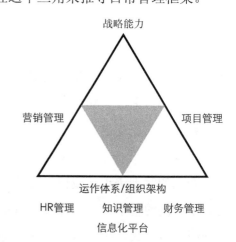

从管理角度看，市场主要是指公司的营销管理，技术强调的是公司的项目管理，管理进一步细化为组织架构、运营体系。上述三个模块涵盖了公司业务层面的管理，当企业到一定规模后，支撑体系的重要性显现出来，也有三个模块：人力资源管理，知识管理，财务管理，再加上信息化时代必需的信息化平台，

构成了设计公司日常管理的七个模块。这七个模块的管理目标是实现企业战略。

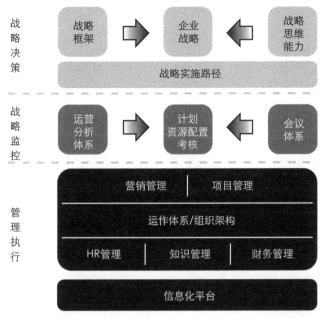

战略决策包括战略框架、战略思维能力、企业战略、战略实施路径。管理学有大量企业战略方面的论著,只要你肯花时间读,可以获得海量的战略框架指导,但不同组织、团队的战略思维能力是有差异的,或者有不同的战略取舍,所以不同公司有不同的战略。比如在上一章论述了五种战略发展导向中,价值取向的不同使企业选择不同的方向,各有各的道理,没有优劣、对错之分。有了战略方向,再筹划实施路径,如何一步步把战略变成现实。

战略监控就是通过一些监控的手段来观察日常行为是否与拟定的战略方向保持一致。监控手段包括计划、资源配置体系、考核、会议体系、运营分析体系等。

第四章
Chapter 4

营销管理

上一章提到营销管理包括 Marketing 和 Sales，那么为什么大部分设计公司都有销售部门，而没有市场部门呢？是不是组建市场部门就解决问题了？其实不然，明确的企业产品战略是卓有成效的市场工作的前提。

谁是我们的客户？客户有什么样的需求？客户在哪里？我们如何接触客户？客户的盈利性怎么样？我们如何给客户定价？这一系列问题都是产品战略要回答的，结论可以简化为两个问题：我们是做什么的？我们不做什么？这个回答不仅要让客户知道，也要让员工们明晰。

如果你是甲方，问一家公司是做什么的？他回答是做设计的，再问做什么设计？他回答建筑设计，再问做哪方面的建筑设计？他回答各种建筑类型的设计都能做，也就是说这是个万金油式的设计公司，这样的设计公司在如今的二、三线城市还有市场，在一线城市的生存空间已经越来越小了。"什么都能做"往往意味着什么都做得不精、不够好，在市场处于初级阶段的时候能满足相对低层次的需求，当市场趋于理性、成熟时，对专业化服务的诉求逐步提升，万金油式的公司要么被淘汰，要么走向专业化，要么退往低一级市场。万金油式的公司没有产品战略的，也就不需要市场部门。下面我们从客户选择、产品定价、管道管理等几个方面介绍简单市场部门的工作。

客户选择

客户选择对设计公司的重要性远远超过传统行业。几乎所有的公司都宣称客户至上，但实际上差异巨大。比如说一家生产矿泉水的公司说客户至上，但你作为个体，最多是几百万分之一、甚至几千万分之一的消费者。但对一个一百多人的设计公司来说，一年内能服务的客户不过三五十个，所以每一个客户都是非常重要的。在与一些设计公司老总交流时，常被问到某个客户很难合作，项目推进不下去，问我有什么解决办法？了解情况后，我发现很多时候不是技术或项目管理问题，而是客户选错了，麻烦在销售环节就注定了。

那么，客户选择依据有哪些？在初创期，依据主要是关系、客户的诚信度、利润等等，随着企业发展，还有两个重要依据：其一是客户和项目是否符合公司的产品战略，其二是合作双方业务层次的匹配度。

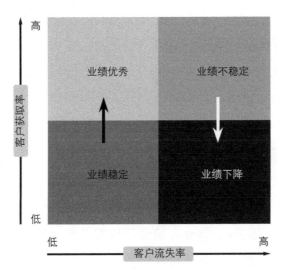

提高销售业绩的一般原则是：提高客户获取率，降低客户流失率。这一原则特别适用于生产标准产品的传统行业，对他们来说，销售是瓶颈，产量不是问题，而且由于沉没成本很高，边际成本递减的效应很明显。而设计公司是轻资产公司，提供的是定制产品和服务，沉没成本相对较低，边际成本递减不明显，所以销售和运营的均衡很重要。

另外，智力型企业在企业成长过程中，客户要适当淘汰的，即保持一定的主动流失率，而不是"一个都不能少"。一般而言，对一个快速发展的公司，一年可能要淘汰25%的老客户（合同额占比，不是客户数量比）。这是因为任何企业间的合作都有相互匹配的商业逻辑，即所谓"门当户对"。一个良性发展的企业，其客户群不可能全部保持与公司同步发展的轨迹，所以在不同的企业阶段甲乙双方都在不断选择适配的合作方。尤其是有些客户是不可能共同成长的，比如在起步期，公司只有20多人，能接到一个小学的设计任务是很好的项目，甲方是区教育局。之后公司发展了，开始承接中学的项目，甲方是市教育局，中学项目规模比小学大，利润额高，在合同额饱满的情况下，公司自然会逐步退出小学的设计，而区教育局是不可能同步发展成市教育局的。再往后，公司再发展，开始进入高校设计市场，中学项目的比重自然逐步下降。与房产商的合作也一样，随着设计公司的成长，需要寻求与跨地域经营的大型房地产公司合作，而不仅是地方性房地产公司。

此外客户的选择过程中要关注客户集中度。客户集中度与企业盈利能力有很大关联，客户集中度过低或过高都不是一件好事。

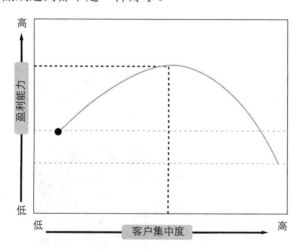

如果一家设计公司一年完成5000万的营业收入，来源于100个客户，平均每个客户50万，客户集中度过低，每个项目都不大，加班熬夜肯定是家常便饭。如果同样的5000万来源于5个客户，平均每个客户1000万，客户集中度显然很高，这样总工作量少很多，员工们就有精力把项目做好，而不是忙于应付。因为一个1000万设计费的项目与一个50万的项目，总收费之比是20倍，但工作量之比显然远低于20倍。另外，营销成本也相应降低。

但同时，客户集中度过高也意味着商业风险很高。2008年金融危机时，有些客户集中度过高的公司因为一两个客户不能及时支付设计费，遭遇很大的现金流危机。最佳的盈利状况是保持合理的客户集中度。有两个数值可以参考：第一，最大客户贡献的收入不宜超过一个公司全年营业额的25%。一线城市的甲级建筑设计公司利润率一般在20%左右,万一这个超过25%的最大客户遇到经营困境,不付款或缓付款,公司立刻处于负现金流状态,而设计公司作为轻资产公司,没有资产负债能力,在负现金流状态下坚持不了多久。第二,前三名客户贡献的收入合计不宜超过总营业额的50%。

产品定价

定价有两种方式:价值定价和人工定价。价值定价的依据是我们的设计为客户带来的价值,与成本无关。人工定价是设计取费与人工成本挂钩。西方成熟市场中,有些设计公司是按照人工费的倍数取费的,比如以人工费的3倍或4倍报价。在中国,政府确定的设计取费原则是按照项目投资额的百分比来计算,民用建筑设计市场中还有一个常规方法是按照每平方米单价来核算,这两种取费方式都类似价值定价,原则上与实际人工费没有直接关系。

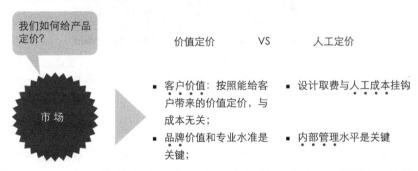

显然,对乙方而言,价值定价是优于人工定价的,企业可以通过品牌价值和专业水准为客户提供高附加值的技术服务,从而获得溢价能力,提高盈利水平。我们经常见到以盈利为目的的项目,工地围墙上有相关合作方的名称,有时会有设计单位,一般是被甲方认为有品牌美誉度的设计公司,能为项目销售、租赁增值,甚至这家公司仅是个顾问单位,开过几次会而已,也要把名字写在墙上、挂在网站上、印在售楼书上。有的甲方直言不讳:花几十万就是为了买这家公司在这个项目上的名字使用权。而实际设计单位因为市场影响力不够,反而被刻意忽略。

中国设计公司总体的专业水准和企业管理水准处于较低层次(大体位置在上一章谈到的技术服务和职业化两个阶段之间),没有利用好价值定价的优势。甚至绝大部分公司在内部分配上模拟人工定价,把设计取费与人工成本挂钩,方法就是以产值提成作为衡量一线员工薪酬的主要依据,即所谓提成制,提成比例一般在25%上下。听说国内有一省级设计院开发出一套如何"切蛋糕"的管理软件，还被有些公司视为成功经验。当然，这样做的好处是管理简单，一批小"山大王"拥戴一位大"山大王"，是团伙而不是团队，没有动力（也没有必要）提高组织的管理和技术水准，一步步走向利润中心模式，最终丧失企业存在的市场经济价值，仅靠卖图签（行业管制造成的）过日子，兵荒马乱时可以有一席之地，市场逐步规范时，要么被正规军收编，要么解散了事。

管道管理

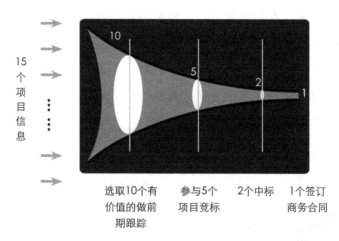

如果把项目从获取信息到签订合同的过程汇成一张图，按照项目数量逐步减少的原则，必然是喇叭状的。比如，经营前端，开始有15个项目基本信息；经分析研究，有5个项目不适合公司，选择另外10个进行前期经营跟踪；深入了解这10个项目的信息后，再分析，公司认为其中5个因为种种原因应该放弃，决定参与另外5个项目的竞标；竞标的结果，中标2个；中标后，仍有可能因为各种各样的原因，最后签合同的只有一个。

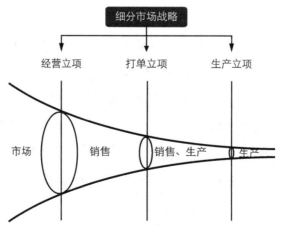

市场、销售、运营三类部门的业务协作构成了管道的主轴,市场、销售、运营各部门在这个过程中逐次介入、退出,早期获得的15个项目信息是通过市场品牌和老客户获得的,销售在信息跟踪过程中主要发挥作用,竞标阶段,销售和生产密切合作,中标后销售部门负责签订商务合同,之后交由生产部门完成设计。可以用经营立项、打单立项、生产立项将这一过程分为四个阶段:

1. 经营立项前的工作以市场部门为主,费用基本属于市场费用;
2. 经营立项权在经营部门,从经营立项到打单立项的费用属于销售费用,由经营部门负责;
3. 打单立项由经营部门和生产管理部门协商确定,打单立项到生产立项的成本属于项目成本,经营和生产共同负责;
4. 生产立项权在生产管理部门,之后的成本属于项目成本,由项目组和生产管理部门负责。

管道形状暗示着公司在经营角度的资源投入。管道管理最忌讳三种情况:

一是没有市场投入,特别是在行情好的时候,设计公司都很忙,工作量饱和,找上门的项目也做不完,经常不得不推掉一些项目,这时还要花钱去做市场吗?做市场的目的是树立品牌影响力,让喇叭口的前端尽可能扩得更开,让我们有机会从更多的项目中选择一个好项目。现在是从15个项目里面挑1个,做好市场就能从100个项目里面挑一个。有的公司说我们的销售很厉害,来15个项目信息,我们就能搞定15个项目,前后端是1:1的关系,很牛。我看未必,因为你连选择余地都没有,真正牛的公司是从几十个项目中选一个。就像吃饭,在温饱阶段,有什么就吃什么,没有选择余地,现在比以前好多了,有点小康的感觉,要考虑如何挑着吃。但是,市场工作不是立刻见效的,需要有些耐心,不能半途而废。

二是不做项目筛选,想把能接的项目都接下来,但企业生产资源(产能)总是有限的,越是有品牌的公司内部资源相对外部需求更加有限。就像一个人的胃,容量总是有限的,小康阶段本该有选择性地吃,却还是温饱阶段的心态,总觉得搁到碗里的都是肉,都想吃掉,结果撑死。

三是既不做市场投入,也不做项目分析、筛选,听到一个项目线索不论合适与否都全力以赴去争取。现在市场形势不好,有些公司采取广种薄收的策略,见标就投,给机会就免费做个方案,忙得不亦乐乎但没有回报,内部资源被提前消耗殆尽。须知,在饥荒年份,要对有限资源统筹、有计划使用,而不是惊慌失措,自己把自己折腾死。

从管道管理图上我们不难看出，市场部门能否有效地开展市场活动，销售部门是否能选择高质量的项目以及生产部门能否更好地提高生产效率，前提条件是要有一个细分市场的战略。

细分市场

细分市场是营销管理中的核心理念，也是支撑市场—销售—运营—研发业务模式有效运转的基础，清晰表明了企业的产品战略。

我们习惯上把建筑物分为居住建筑、酒店建筑、办公建筑、商业建筑、演艺建筑、体育建筑、工业建筑等等，这些是不是细分市场？不是，这是建筑类型，是根据使用功能划分的，不是从企业经营视角划分出来的细分市场。每家公司都有自己对市场、对客户需要、对产品的理解，所以并不存在公认的、统一定义的细分市场划分结论。

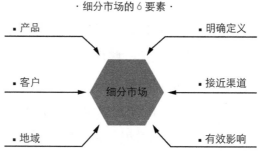

· 细分市场的6要素 ·

确定细分市场要从六个方面考虑，左边三点（产品、客户、地域）用来描述一个细分市场，右边三点（明确定义、接近渠道、有效影响）用来分析这个细分市场对公司有没有意义。

客户：细分市场中的客户在需求上应该有一定共性，这样才有可能为他们提供相对一致性的产品或服务。这里要说明一点，建筑设计是定制产品，不是标准制品，也就是说你为客户A、B做的设计不可能完全一样，也不能把图纸转卖给C，做不到100%相同，无法大规模生产，但这并不是说各项目之间在技术和项目管理上，完全没有内在逻辑的相似性。客户需求的共性越大，我们提供的产品或服务的一致性程度越高，研发成果的针对性就越强，但同时会带来细分市场总容量越小的问题，造成研发成果可重复利用次数太低，效益不明显。所以寻找客户共性应该适度。

产品：就是我们打算为这些有一定共性的客户提供怎样的产品或服务，后面会详细论述如何向客户描述产品或服务。

地域：我们打算在哪里为客户提供产品或服务，这一点容易被忽略，特别是当我们有机会跟随老客户的发展把业务拓展到新地域时，如果没有在技术、管理、资金、人才上的一定准备，可能错失拓展良机，也可能因为地域差异造成设计质量下降，客户满意度降低。地域差别不仅是工作地点、项目地点的不同，重要的是不同区域源自文化、气候、技术、政策等方面引发的客户需求差异。一般而言，地域越小，客户的共性越多；地域越大，客户的共性越少，到一定程度甚至需要分为两个细分市场。

明确定义：重新检视前面的客户、产品、地域这三条是否足够清晰，不要产生歧义。比如客户，如果我们定义为大型房地产开发商，这就很不精准了，不仅内部员工搞不清楚，外部客户也搞不清楚你到底是为谁提供服务的。可以用多维度来说明何为大型房地产开发商，比如历年开发量、当年开工面积、上年度销售总额、资产规模、是否跨地域经营等等量化指标来精确定义。有了客户的清晰描述，市场、销售部门才能把对应的客户逐个理出来，再寻找渠道去接近客户，施加有效影响。地域也要定义清楚，你不能说一、二、三线城市，从来就没有官方定义的这种城市级别划分。网上查查，民间定义的版本各不相同，北京、上海、广州、深圳都被认可是一线城市，天津算不算呢？说不清楚。二、三线城市的名单差异就更大了。泛泛讨论的时候可以用这种模糊词汇表示城市差异，但定义细分市场还是应该精确。同样，产品你也要尽可能定义清楚，是建筑设计服务，是否包括前期咨询、策划等。

下面两条意味着定义出来的细分市场对我们公司是否有意义，可能定义清楚了但对我们没有用。

接近渠道：定义了细分市场，我们就要设法接近这个客户群。有的公司定义它的细分市场是在全中国（地域）为房地产公司（客户）提供建筑设计服务（产品），这个定义是很明确的，但是对这家公司来说有意义吗？完全没有意义，因为全中国有6万多家房地产公司，你怎么接近他们？如果与客户间没有接近渠道或者渠道成本高到你无法承受的话，市场行为就完全无法展开。当然，因为你只是一家建筑设计公司，如果换成国家住建部就有意义，因为住建部有渠道接触到所有这些房地产公司，下达一个行政指令就可以了。

有效影响：有了接近客户的渠道后，要考虑如何施加有效影响，切中要害地告诉客户你的产品如何能满足他的需要。CCDI体育事业部在完成"水立方"等5个奥运场馆后，针对体育建筑市场进行了一系列推广活动，精准地锁定了客户群。CCDI是这样描述它的体育建筑细分市场：客户——中国地级以上城市的政府；产品——体育场馆建筑设计；地域——中国大陆；接近渠道——国家体委组织的一些活动（座谈会、研讨会、专家会等等）、体育产业方面的论坛、展会等。通过在这些渠道上的发言机会，CCDI给所有目标客户留下深刻印象，要建场馆一定邀请CCDI参加投标。那么CCDI在那半小时的发言中，究竟说了什么，能如此打动客户？

市场推广的早期，赵晓钧作为CCDI体育市场的代言人参加了很多这样的活动，发言的核心有两点：第一，CCDI体育事业部的业绩，重点是"水立方"为代表的2008年奥运项目、济南奥体中心（举办2009年全运会），后来再加上杭州奥体中心，这些项目都具有全国影响力甚至全球影响力的。体育建筑基本都是当地的形象工程，决策人是市委书记、市长、体育局长等非建筑专业人士，非专业人士决策的一个重要特点是规避风险，所以你必须证明你的技术能力是OK的，靠什么证明？业绩，足够光鲜的业绩，而不是谈具体技术，因为他们不是专家。有些设计师过于技术导向，不论客户是谁总是谈技术来说明其能力，客户不买账时还抱怨客户不尊重技术，这是你的问题。但是，仅宣传业绩是不够的，因为CCDI的竞争对手中业绩出众的境内外设计公司众多，并不能因此就脱颖而出。

第二，赛后运营，即体育场馆在重大赛事后的日常运营中如何最大程度地获得经济收益。这一点是在对客户充分研究，探究到客户需要（而不只是需求）之后的结论。在中国，政府建的体育场馆大多是为了满足某一重大赛事而兴建的，花三个亿建个场馆，举办一次有影响力的比赛是政绩工程，决策并不难，但众所周知体育场馆在平日里是普遍赔钱的，投资三个亿建的场馆，之后每年可能要再花三千万去维护。能不能少花甚至不再持续投入维护费？这是决策者们，特别是赛后场馆管理部门面临的难题。设计"水立方"时，业主要求在设计中就考虑赛后运营对场馆硬件的要求，CCDI的项目组不得不面临这个问题。原来大家都认为场馆运营与设计无关，是管理部门的事，随着项目推进，大家越来越理解在初始设计阶段就考虑效益，能为日常运营提供极大的便利。奥运会结束一年后，"水立方"启动事前计划的改造工程，其中重点之一是水上游乐中心，现在生意很好。由此，CCDI体育事业部对体育场馆的运营情况进行了分析、总结、归纳，提出了设计中结合运营的一套方法。与其他公司不同的是，CCDI在投标文件中有运营专篇，论述投标方案如何满足运营要求，甚至包括财务测算。这个思路立刻引起决策者的关注，居然有一家设计公司不仅做设计，还能再考虑运营效益，太好了！这就是有效影响，业绩和运营这两点让客户记忆深刻。

下面再举一个例子来进一步论述如何定义细分市场。

宗教建筑细分市场——在上海一家公司开的研讨会上，有一个小组提出过宗教建筑的细分市场，原来，他们曾经设计过十多个寺庙，包括新建的和大规模修缮的，其中有的寺庙很有名气。他们的初步描述是：在华东地区（地域）为佛教寺庙（客户）提供建筑设计服务（产品）。描述是清晰的，那么接近渠道有哪些？原来这些项目是通过宗教界人士的口碑相传而来的，是被动营销，如果要变被动营销为主动营销，就要找到合适的市场渠道。讨论中，他们想到中国政治体制下有一个政府部门管理宗教事务——宗教事务管理局，如果和这个部门建立一定的公共关系，参与其中的一些社会活动，就能与客户建立关系。华东地区有六省一市，可以尝试与这七个省市宗教事务管理局联系，我估计可能还没有设计单位与这个部门联系，而且政府部门也需要得到社会力量的支持才能更好地展开工作。还有，宗教界肯定也有媒体（也许不是世俗媒体），公司可以在上面登广告（可以是软文形式）。渠道有了，有效影响是什么？业绩就够了。很少有建筑设计公司设计寺庙，细分市场的竞争并不激烈，而他们已经设计了十多个，很有说服力。寺庙的方丈或住持不是建筑专业人士，有设计需求时也不知道该找谁，如果一家有实力、有经验的设计公司能提供专业服务，可能挺受欢迎。

大家觉得这想法挺有意思，会后继续深入探讨。过了一段时间，我问他们进展如何？他们说经过深入讨论，最后决定放弃这个细分市场。我问为什么？他们说：陈老师，寺庙设计不挣钱呐，因为宗教建筑体量不大，又是古典建筑，设计工作量很大，现场服务量更大；更重要的是，宗教界人士总觉得宗教是信仰，为信仰服务的人应该有奉献精神，设计费应该少收甚至不收，就当做支持宗教事业。这样一来，宗教建筑确实无法作为商业化操作的细分市场来考虑，放弃很合理。

再说说渠道。很多设计公司的对外公共关系渠道局限于设计行业协会，这个渠道是需要的，但不是针对细分市场客户群的。要打开思维，从客户已有的对外交流途径中分析、发现对我们有价值的渠道。比如，近几年，在医疗专业杂志上开始有设计公司的广告，其他行业的专业论坛上出现了设计界的演讲嘉宾。我曾经建议过一家以温州开发商为主要客户对象的设计公司加盟各地的温州同乡会。最佳的渠道效果是能让你的目标客户都知道你，非目标客户都不知道你，否则渠道成本就会过高。我的一位朋友在一家欧洲制药公司工作，那家公司专门生产一种治疗癌症的药物，他和我说过几次公司名称，我都没印象，也没记住。他说这就对了，说明你的至亲中没有得癌症的，中国所有癌症患者和专科医生都知道这个公司。这说明它的营销做得非常精准，相关的人都知道，不相关的人都不知道，一分钱都没有浪费。

有效影响一定要从客户视角去思考，不能沉迷于技术思维，技术是我们满足客户需要的手段，而不是目的。比如，有家设计公司想把豪宅设计作为他们的细分市场，打算以成本控制能力（如结构设计中通过优化设计减少含钢量）作为有效影响的重点，我觉得在目前行情下，强调成本控制对豪宅市场的客户确实有点吸引力，但对客户决策来说，只是必要条件，不是充分条件。李成儒在电影《大腕》里的经典台词"不求最好，但求最贵！"虽然有点偏颇，但也说明了豪宅的终端消费者与普通住宅消费者的差异。成本控制、性价比高不是豪宅的关键价值诉求点，否则也达不到豪宅的档次。豪宅开发商关心的是如何通过更大的溢价能力去获取更高的利润，而不是像双限房那样在给定的价格条件下，只能考虑如何通过降低成本来盈利。如果换个思路，在对豪宅产品做深入研究后，提出我们的观点——中国现在只有大宅没有豪宅，再提出豪宅的技术解决方案，我想客户的感受会大不一样。

细分市场战略

通过上面对细分市场定义的分析我们意识到细分市场战略对整个公司的业务有重大影响，是市场—销售—运营—研发四个业务环节的工作指向，研发什么内容、市场宣传什么、销售卖什么、设计如何进行等问题的答案都是基于细分市场战略的原则。

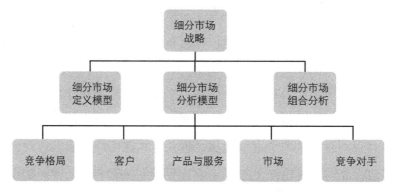

前面我们已经解释了细分市场的定义，接下来我们要对细分市场进行更详细的分析，并且探讨细分市场的组合。细分市场的分析包括竞争格局的分析、客户的分析，产品分析，市场的分析以及竞争对手的分析。

细分市场分析之一——竞争格局

细分市场的竞争格局一般有三种：新的细分市场、差异化细分市场、成本领先细分市场。

战略路径下的细分市场竞争策略

新的细分市场就是你认为没有人为这类客户提供过类似服务，你是第一个吃螃蟹的。新的细分市场的好处是游戏规则由你定，也没有激烈竞争后的市场价，完全可以根据你能给客户带来的价值来定价；坏处是风险很高，设想很美好，但需求分析有偏差、产品不对路、客户不买单等因素都可能导致失败。现代商业社会，充斥商业目的的各种软、硬广告，宣传的都是成功案例，不会宣传失败案例，我们看到那些令人羡慕的成功企业只不过是企业总量中的极少部分。你以为没人干过的事，可能早有人尝试过，没成功，变成先烈埋在地里了，你不知道而已，还以为发现了新大陆，结果还是失败，埋在第二个坑里。都希望自己是先驱，结果可能都是烈士。但是，不能因此就否认新的细分市场存在的可能，哥伦布终究发现了新大陆，虽然风险高，但因为一旦成功，收益也大，二者匹配。

大部分细分市场属于差异化细分市场，就是说这个市场有竞争对手，但是提供的产品有差异，这种差异是因为不同企业对客户需要分析后得出的结论不同造成的。差异化细分市场一般是成熟社会的主流市场，有众多的买家和卖家，任何甲乙方合作都是有原因的，设计公司作为乙方应该主动给甲方一个理由，为什么选择你？理由就是产品差异，就是前文提到的有效影响。CCDI很聪明，给了体育场馆的决策者两个理由：第一，CCDI的技术是过硬的；第二，CCDI能帮助你解决运营问题。当然，你也可以等甲方告诉你他需要什么，但那时你就被动了。就像你到医院看病，你是甲方，医生是乙方，正常的程序是医生分析你的病情，再给你开药。如果反过来，医生需要你告诉他应该吃什么药，他开个单子，你去药房取药，那你何必去医院呢？直接到药店买药不就得了，因为医生根本就没有提供专业服务。万一是处方药，药店没有卖，或者必须有医生诊断报告才能买的话，你一定会选择一家最便宜、最方便的医院，只为拿到医生诊断报告好去买药。这是医疗制度决定的最基本服务，医生（乙方）没有为病人（甲方）带来价值。同样，设计公司也不能坐等甲方提要求，否则企业只能陷入价格竞争的陷阱，谈何盈利？差异需要经过研发提炼出来，并在产品中体现，与竞争对手有显著不同，是客户需要的。

成本领先的细分市场对智力型企业来说是非常悲惨的市场。这时，不同企业的产品几乎没有区别，或者有区别但客户没有差异化需求，比如打火机，全国烟民不论有钱没钱，日常用的打火机都是一样，价格也一样。2008年年底，被网友人肉搜索出抽天价香烟的南京周局长，估计用的打火机与一般烟民也没啥区别。既然产品没有差异，那只能是成本最低的企业可以生存，而且利润很薄，温州打火机产业占据全球70%的市场份额，但厂商从十几年前的4000多家锐减到现在的不足100家，存活下来的厂商也没什么利润可言，原因之一就是市场没有差异化需求。设计行业的市场总体上都有差异化需求，各设计公司的设计（产品）也不同，问题在于企业没有总结、研发、主动提出满足客户需要的差异化产品，不少设计公司的自我介绍还停留在我们是做设计的，而且什么设计都能做、什么服务要求都能满足的阶段，自己把自己带入低价竞争的地位。

细分市场分析之二——客户

前面细分市场的定义中已经包含了客户维度，这里还要对客户进行深度分析，分析模型如下图：

考虑因素	现状/趋势	机会	威胁
1. 客户的集中度			
2. 客户的转换成本			
3. 品牌认同度			
4. 产品差异程度			
5. 价格敏感度			

考虑的主要因素有5个：客户集中度、转换成本、品牌认同度、产品差异程度、价格敏感度。要逐个分析这5个要素的客户现状和未来趋势，变化趋势对企业来说，是机会还是威胁。

1. 客户集中度指的是这个细分市场中，有多少客户？客户数量多，集中度低，反之则集中度高。集中度高的极端情况是只有一个客户，就是垄断。比如军工行业，客户只有一个——军队（武器出口也必须得到军方许可）；铁路行业，在中国客户也只有一个——铁道部。客户集中度高对供应商就意味着在商务谈判中的地位低，想提高溢价能力可能只有两个办法：提高产品差异化、搞关系，西方企业一般用前者再辅以后者，中国企业常用后者，有时辅以前者。反垄断（特别是反行政垄断）会降低客户集中度，提高市场活跃度。回顾过去十几年，民营设计公司随着改革开放成长起来，客户集中度经历了由高到低的过程，所以民企才有机会发展，近几年的国进民退使总体市场的客户集中度提高，乙方的谈判能力降低，直接感受就是设计收费下降，民企生存空间变窄。

有些新的细分市场目前处于自然垄断状态，比如前几年的工业化住宅设计市场，客户只有万科，这倒不是万科有行政手段树立垄断地位，而是因各种原因别人不愿意现在进入这个市场。近两年，随着大规模保障房建设，一些大型房产商开始建设工业化住宅，客户集中度稍有降低，但仍处于较高水平。那么，未来趋势呢？各家设计公司有不同的判断。

一般而言，客户集中度降低，是机会，反之是威胁。

2. 客户转换成本指的是老客户如果不选你，换一个设计供应商，这个过程对他来说成本是高还是低？因为长期合作下来，甲乙方之间是有很多默契的，换一家供应商，对客户来说看似简单，而且设计费还有可能降低，但实际上转换成本还包括时间、精力、经验、技术、信息、情感等多方面的隐形消耗，所以客户转换成本的高低对老客户是否随意更换设计公司有一定影响。一般来说，客户转换成本越高，我们越容易保持供应商地位，溢价能力也越强，反之我们就很被动。上面提到的住宅工业化设计市场，由于存在一定的技术门槛，没有经验的设计公司很难立刻介入，所以，虽然客户集中度很高，但客户转换成本也很高，因此万科工业化住宅的设计供应商能维持比较合理的设计收费。

显然，客户转换成本高，有利于保持和提高我们在已经进入的细分市场地位，我们可以为提高客户转换成本作一些"贡献"。但对于我们还没有进入而想进入的细分市场，客户转换成本越低越好。

3. 品牌认同度是指客户是否注重供应商的品牌美誉度，国内中高端设计市场已经进入品牌竞争阶段，这也是差异化市场的必然结果。例如，一家央企房地产公司的设计总监告诉我，他们选择设计单位有一个先决条件：国际前五名或国内前十名。这个标准不是很明确，但至少要求设计单位有品牌知名度。

4. 产品差异度是指产品在技术、质量、内容等方面的不同，后面的产品分析模型会进一步阐述。客户对产品差异度期待越高，设计公司潜在的溢价能力就越强。外企的收费之所以高于内资企业，就是因为他们能满足市场对产品差异的诉求，而国内企业不论大小，普遍处于企业发展的低级阶段（尚未全面达到职业化阶段），专业能力还不足以提供差异度高的产品，只能应对中低端客户的需求。

5. 价格的敏感性指的是在细分市场中，客户对交易价格是否反应敏感。一般来说，高端市场的客户对价格不太敏感，低端市场的客户对价格敏感。我在工作中，曾碰到过这样的客户，宣称要把他的项目打造成高端物业，要做豪宅，但在设计费谈判中特别斤斤计较，几乎是一毛一毛地砍价。这样的客户你要当心，他很可能是"心比天高，命比纸薄"，能力还没达到开发高端物业的地步。你要是真按豪宅标准给他设计，在设计和施工过程中他一定会不断修改，降低标准，最终建成效果不理想，他还责怪你水平低。常规而言，如果客户对产品差异度要求高，其价格敏感度低；对产品差异度要求低，则价格敏感度高。城市地标建筑属于前者，普通住宅设计属于后者。

细分市场分析之三——产品与服务

在细分市场定义中，产品（产品导向型或生产导向型公司的产品）被描述为建筑设计或规划设计，这个阐述是概念性的，需要进一步细化以体现产品差异化。

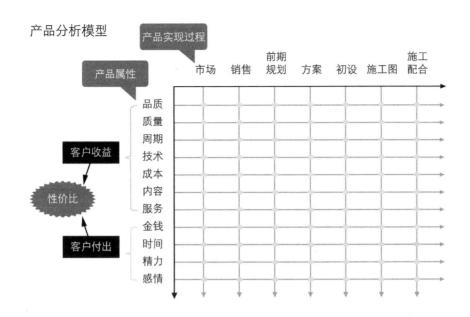

产品分析模型可以帮助我们进行产品体系设计。横轴列举了设计实现过程（仅供参考），从前到后是市场、销售、前期规划、方案、初设、施工图、施工配合等不同阶段，纵轴列举了产品属性（仅供参考）。我们给客户提供的仅仅是一套图纸吗？不是，图纸是技术和服务的载体，其产出的过程包含了诸如产品品质、质量，设计周期、应用的建筑技术、建安成本、内容（指图纸表达的详细程度）以及过程中乙方对甲方的服务态度，这些构成了合作中的客户收益。客户的付出仅仅是设计费吗？不是，还包括客户在合作过程中所花的时间、投入的精力，还有一些感情因素。横轴和纵轴形成的几十个交叉点值得我们认真思考，在每个交叉点上我们要回答三个问题：一是客户在这些点上有什么诉求？二是我们如何满足这些诉求？三是我们在这些点上与竞争对手有什么不同？

有的设计公司在这张图上可能把某个点圈得很大，而别的公司可能这个点小，但另一个点大，点的大小反映了不同公司在客户分析上的差异、产品体系设计的差异。点大的地方就是服务的重点，是我们的价值主张，是我们应该对客户施加的有效影响，是我们的研发重点。

在这张图的分析基础上，就可以总结出面向客户的产品体系，比如有的公司把商业建筑的设计咨询过程分为160多个子项，向客户展示了其对商业建筑的经验和深刻理解，客户可以进行菜单式选择。

这里特别提一下性价比的概念，性价比是客户得到的产品与服务的使用性能与付出的金钱之间的比值，这是一种感受，没有精确数值。

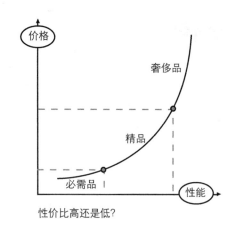

性价比高还是低？

性价比高的产品能客户满足基本需求，产品差异度相对低，消费量大，价格低，是必需品，属于成本领先的市场，企业的主要竞争手段是价格。性价比低的产品可以满足客户个性化需求，产品差异度高，消费量小，是奢侈品，如何赋予产品功能之外的高附加值是关键。LV的包一万元一个，地摊上卖的包一百元一个，哪个包性价比高？地摊货性价比高。功能角度而言两个包基本相似，材料和工艺上LV比地摊货好，但成本远不至于相差一百倍。必需品厂商在市场宣传中常说性价比高，值了！奢侈品厂商在宣传中注重迎合高端客户的社会地位、文化品位等个性化需求，较少谈及功能。

我们的产品与服务在性价比上是高还是低？宣传上应该如何对应？值得思考，别错位了。

细分市场分析之四——市场

对市场本身的分析一般包括以下几项：

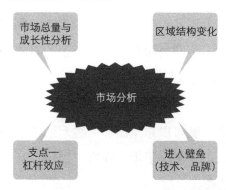

1. 市场总量和成长性。市场总量一般是指该细分市场的年度销售总额，市场成长性是该细分市场的未来发展趋势，一般用年增长率表示。这两个因素一定要结合起来考虑，而且后者的重要程度超过前者。勘察设计行业过去十几年最大的吸引力是高成长性，年复合增长率为同期 GDP 增速的 3 倍。20 世纪 80 年代中国改革开放之初，一些外企就进入中国，看中的是中国市场的高成长性，而不是当时的市场总量。

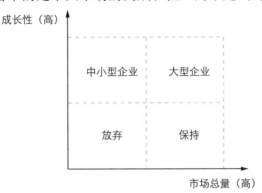

高成长性的细分市场总是极有吸引力的，但大型企业在市场总量还不够大时，并不急于进入，而是要等待合适的时机，这是因为总量太小的市场对大型企业的业绩增长率贡献有限。高成长性但总量不大的细分市场恰是中小型企业的机会，此时，中小企业不必直接面临大型企业在资源上的巨大竞争优势，有可能迅速确立品牌、技术、人才等优势，抵御未来大型企业的进攻。养老地产是近两年业内热议的话题，该细分市场目前总量不大，是否具备高成长性的特征呢？值得思考。

2. 区域结构变化。中国地域广阔，经济水平极不均衡，存在非常显著的区域梯次发展现象，所谓一、二、三、四线城市之说就是这个意思，上一级城市对下一级城市有明显的技术、人才等资源优势。北京、上海、深圳的设计公司超过一半的业务来源于二、三、四线城市，二线城市的设计公司也向下辐射，同样，对细分市场也要考虑这种区域经济发展对设计业务的影响。比如，据说区域 GDP 达到 200 亿人民币时，开始出现城市综合体的需求，因此营销渠道应该参照这个节奏拓展，不宜早也不能晚。

3. 进入壁垒（技术、品牌）。现在大家都觉得设计行业竞争激烈，是红海，但我认为有很多蓝海细分市场没被认识、没被发现，选择好细分市场就能发现蓝海。设计企业间大多处于同质化、低水平竞争状况，打个比方，大家都穿行在山脉中，忙着埋头在山谷里行走赚点小钱，不看道，更没有抬头看到旁边有那么多山头（细分市场），而且那些山头上基本上没人上去过，更没人在山头上插上红旗（品牌优势），为什么不抬头看一看、想一想哪个山头我们能冲上去呢？CCDI 的体育事业部就是借设计"水立方"等奥运建筑的机会一下子冲上体育建筑的山头。冲上去马上干三件事：插红旗、挖战壕、修碉堡，就是建立壁垒。这时别人再想上去成本就大了，还未必能成功，因为CCDI通过建立壁垒（品牌、技术、人才、业绩等）把这个细分市场牢牢把持，使竞争对手没什么机会了。机会不大就不要上了嘛，攻下其他山头的机会有的是，当你把力量集中在某个点专注下去的时候，很容易结出硕果。比如养老建筑，现在说起来，全中国还没有一家设计公司能说对养老建筑很有研究，很有知名度。如果你认为这个细分市场有高成长性的话，现在就可以组织资源进行研发、市场推广，现在成本还很低，稍加研究就可能成为专家，稍加推广就有一定知名度。

5年前，当三益中国开始专注于商业地产领域的研发和市场推广时，国内大部分设计公司都有些商业建筑的业绩，但当时住宅设计的毛利率很高，公建设计被认为是赚名气不赚钱。现在，三益中国已经在国内商业地产市场树立起牢固的进入壁垒，且已延伸到上下游，既赚名气又赚钱。

选择目标山头要先观察山头上有无对手，有对手的话他建立的壁垒有多高，再结合企业资源审慎决策。

4. 杠杆效应。

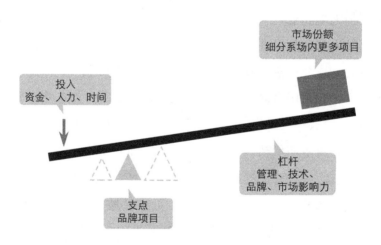

阿基米德说：给我一个支点，我可以撬动地球。他的这句话说的是杠杆效应，不过不够完整，即使他能有一个支点，也没有合适的杠杆。

杠杆效应有四个要素：作用力、支点、杠杆、目标。当我们选择了目标细分市场、决定投入一定资源（资金、人力、时间等）后，该如何行动呢？杠杆效应给了我们一些启发，支点指的是该细分市场中有影响力的品牌项目，杠杆是指在细分市场形成的管理、技术、品牌影响力方面的核心竞争力。打个通俗的比方，支点项目是骨头，目标市场是肉。大家都想吃肉，这是一个合理的诉求，但怎样才能吃到很多肉呢？几十年前，生活水平很低，过年时才有可能敞开肚子吃顿肉（不像现在要减肥吃素），一锅炖肉带汤，最好最多的肉都挂在骨头上。所以，想多吃肉，先抓骨头，也就是在细分市场上要有支点项目。

其实，任何公司在市场推广中都是优先宣传那些有技术特色、有重大社会效益、让自己脸上有光的项目，而不会宣传那些赚钱的项目是如何盈利的。比如"水立方"，现金流上这个项目亏损了一千多万，但这个项目有极高的社会价值、体现了CCDI的技术能力和产品差异化，是重要的支点项目。可以说，"水立方"奠定了CCDI体育事业部的市场地位，不过，不能靠"水立方"吃一辈子，之后的济南奥体中心"东荷西柳"、杭州奥体中心持续加强了支点，使CCDI承接了上百个体育项目，成为这些年来体育建筑设计市场占有率最高的公司。

当我们准备进入一个细分市场，有限的资源该如何使用？该接什么项目？先啃骨头还是先吃肉？支点项目经常是可遇不可求的，不能强求一开始就有，但要始终有这样的思维方式。另外，支点项目与细分市场定义的地域有关，想在全国经营，支点项目就要有全国影响力；在区域经营，有区域影响力的项目就可以了。

曾与一位设计公司老总聊天，问公司有哪些客户？他说都是知名开发商，如万科、中海、金地等，中小型开发商的项目一般不接。业内都知道，万科、中海、金地的项目都非常折腾人，虽然单方设计费不算少，但工作量极大，核算下来项目毛利率很低，属于支点项目，是骨头。你天天啃骨头，为什么不去吃肉呢？你完全可以凭借万科、中海、金地的设计供应商所形成强大的品牌为中小型开发商服务，项目毛利率一定高，因为他们信任你的技术、专业能力和管理，你有溢价能力。

也有设计公司，一心想吃肉，不愿啃骨头，结果肉也没吃到，因为没有品牌，产品没有差异化，缺乏溢价能力，收费随波逐流。所以，有支点，会利用支点，能够事半功倍；没有支点，事倍功半。

细分市场分析之五——竞争对手

考虑因素	现状/趋势	机会	威胁
1. 市场的成长			
2. 产品差异程度			
3. 品牌认同度			
4. 同行的集中和均衡			
5. 转换成本			

过去的十几年中，设计行业大家日子过得都很好，竞争不激烈，现在有了很大变化，在考量细分市场，特别是差异化的细分市场时，我们要对市场竞争态势进行一定分析。主要因素有5个：市场成长性、产品差异程度、品牌认同度、同行的集中与均衡、转换成本。要分析这5个要素的现状和趋势，以及这种变化趋势对企业来说，是机会还是威胁。

1. 市场成长性，这和前文在分析"市场"时提到的市场成长性是一个概念，不过前面分析的是市场成长性对细分市场吸引力的影响，这里谈的是市场成长性对竞争态势的影响。一般来说，高成长性意味着竞争不是那么激烈，低成长性反映竞争趋于激烈。

2. 产品的差异程度，这和前文在分析"客户"时提到的产品差异程度是一个概念，不同的是前面分析的是客户对产品差异度是否重视，这里谈的是产品差异度对竞争激烈程度的影响。产品差异度越高，竞争激烈程度越低，反之则越高。比如，在白热化竞争的住宅设计市场上，浙江绿城东方建筑设计有限公司仍然能保持很高的收费，就是因为他们与其他公司在产品上有相当差异，并通过研发持续维持和扩大技术差异。

3. 品牌认同度，这与前文在分析"客户"时提到的品牌认同度仍然是一个概念，不同的是前面分析的是客户在选择供应商时是否看重供应商的品牌知名度，这里谈的是品牌知名度对竞争格局的影响。客户认品牌，而你的品牌有美誉度，那么你感受的竞争激烈程度就低，如上面提到的绿城东方，高品质住宅设计市场的竞争对他们来说就没有那么激烈。如果客户认品牌，而你没有品牌，进入这样的市场成本会很高，风险很大，对你是否合适需要慎重考虑。适合中小企业的细分市场是，现在客户的品牌认同度不高，而未来趋势走高，虽然当下竞争激烈，但你有机会树立品牌，意图将来靠品牌获得更大市场份额。

4. 同行的集中与均衡，也可以称为"同行集中度"。同行集中度高的极端方式，就是前几名的公司占据统治地位，瓜分了市场总量中的绝大部分，这是另一种形式的垄断。前面谈到过客户集中度高的垄断是"需方垄断"，同行集中度高的垄断是"供方垄断"，典型案例就是中石油、中石化对国内石油供应市场的垄断。计划经济是将两种垄断结合在一起，是完全丧失经济活跃度的彻底垄断。对供方最有利的市场状态是客户集中度低，同行集中度高，历史上的同业公会（Guild）就是为降低竞争激烈程度、保护同行利益而产生的。欧洲早期的同业公会起源于9、10世纪，11世纪逐渐向现代意义的商业联盟转变，中国隋唐时（6世纪后）开始出现类似同业公会的组织，直至明清。亚当·斯密在《国富论》中对带有垄断性质的同业公会猛烈抨击，认为公会的存在严重阻碍了商业发展。近来，一些设计圈的同行们呼吁价格联盟，对此我不敢苟同，这样的联盟操作上有问题，更关键的是有损自由市场的基础，终将损害倡议者自己。

大型企业是同行集中度高的产物，小型企业是同行集中度低的必然现象。设计行业中，生产导向性公司的性质决定了规模化发展是市场竞争的必然趋势，所以十几年来，民营公司的最大规模不断被突破，CCDI已逾四千人，上千人的公司（上海的联创国际、天华，深圳的筑博、华阳国际）不断出现，这在十年前是难以想象的，大型公司开始享受到集中度高带来的红利。三益中国虽然规模上还没有上述这几家公司大，但它在商业建筑上的规模同样保证了它分享到集中度高的利益。对中小型公司来说，同行集中度低的细分市场，竞争激烈，但尚有机会，而同行集中度高的市场，进入过程中会遭遇激烈的排挤。

5. 转换成本，这个转换成本和前面说的客户改变供应商的转换成本不一样，是指我们转换细分市场的成本。比如CCDI退出体育建筑设计市场，原体育事业部的团队转而进行医疗建筑设计，这就要放弃原来的品牌、销售渠道、技术、管理等一系列优势，试图逐步建立新的优势，这样的转换成本高不高？转换成本越高，企业就越不会轻易变换细分市场，转换成本越低，企业就会不断在各个细分市场间游离。之所以市场上还有万金油式的设计公司的一席之地，一方面是市场还有低层次服务的需求，另一方面是设计公司在低专业化时代的转换成本低所致。转换成本低，有利于组织资源进入我们不熟悉的细分市场，但竞争激烈；转换成本高，有利于我们守住已有优势的细分市场。

上述5点帮助我们考量细分市场竞争激烈程度，另外，还需要对具体的竞争对手，特别是标杆企业的动向予以关注和分析，但要避免简单模仿，可以尝试回答下列问题：

1. 竞争对手的优势、劣势是什么？
2. 竞争对手的产品策略是什么？
3. 竞争对手的市场策略、价格策略是什么？
4. 他们的研发重点是什么？
5. 他们的人才策略如何？
6. 他们的管理模式是什么？

细分市场组合分析

有一定规模的公司，往往面对若干个细分市场，而不是只有一个，CCDI 有很多事业部，每个事业部面向一个细分市场。细分市场的组合要从两个角度来思考：现金流矩阵、战略匹配度。

1. 现金流矩阵。1970 年，美国波士顿咨询公司创始人布鲁斯·亨德森首创了用于规划和分析企业产品组合的工具——波士顿矩阵，矩阵中使用的两个维度是销售增长率（纵轴）和市场占有率（横轴），并以 10% 和 20% 作为区分高、低的中点，形成四个象限，分别命名为明星业务、金牛业务、瘦狗业务和问题业务。

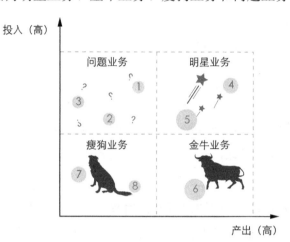

波士顿矩阵采用的"市场占有率"对国内民营建筑设计领域很难适用，一是缺乏细分市场总量数据，二是大部分细分市场的同行集中度还很低。我尝试把波士顿矩阵的两个维度改为投入和产出，称之为现金流矩阵，因为现金流对智力型企业的财务状况至关重要（后面的第八章会谈到这一点）。

项目是设计公司的基本业务单元，大部分中国设计公司各项目的毛利率大体接近，不高也不至于赔钱，属于高投入、高产出的明星业务，两高都是相对而言。高投入是因为虽然在研发、市场推广、企业管理上没有投入，但在每个项目的销售、设计、服务上必须投入较高的成本；高产出是指每个项目核算下来都能盈利（当然，很多公司还没有能力核算出项目盈利状况）。

可持续发展的公司应有三类业务：问题业务、明星业务、金牛业务，三类业务间能实现合理转化。显然，金牛业务大家都想要，那么，金牛业务是如何产生的？还有，金牛业务赚到的钱该如何使用？

CCDI体育事业部的早期是高投入低产出的问题业务，连续三年现金流亏损，当时公司内部有不少同事提出了"红旗能打多久"的疑问。这样的业务是否要放弃呢？如果在当时预见到体育建筑市场的高成长性、客户集中度低、品牌认同度和进入壁垒将逐步趋高、"水立方"是有力的支点项目等因素，就应该坚决持续投入，以期待未来的高产出。CCDI做到了这一点，体育事业部在第4年开始盈利，由问题业务转为明星业务。现在，体育事业部的项目毛利率已高于CCDI的平均项目毛利率，进一步转化为金牛业务。

金牛业务带来的盈利不能全部分掉，其中一部分应该用于支持有发展潜力的新业务（细分市场）。CCDI在2007年成立了轨道交通事业部，意图重复体育事业部的发展路径。成立初期没品牌、没人才、没业绩、没经验，接项目很难，CCDI坚持投入，逐渐积聚了一些人才，形成了一些技术沉淀。2008年年底，当4万亿经济刺激政策推出之时，轨道交通事业部迎来了千载难逢的黄金发展机遇，有道是"机会总是留给有准备的人"。不过，2011年的"7·23"动车事故为大跃进式的铁路建设踩了刹车，CCDI轨道交通事业部也受此影响颇大。

我们不能期待所有的问题业务、明星业务都能顺利地转化为金牛业务，竞争中有成功，也会有失败。越早有这样的产品组合意识，越有机会获得成功。

怎样实现问题业务、明星业务、金牛业务三类业务之间的合理转化？根本的前提是只有在成本中心的管理模式下，才有可能实施这样的业务组合管理。如果是利润中心管理模式，各业务单元自负盈亏，即便有意识、有眼光，也没有实力投资有潜力的问题业务。比如，某业务单元前三年赔本，后三年开始盈利，你说应该哪个时期的总经理薪酬高？利润中心的思维下应该是后三年的总经理回报高，问题是如果没有前三年打下的基础，现在能盈利吗？虽说打江山难，守江山不易，但前三年创业初期一穷二白，应该更艰难。

2. 战略匹配度。

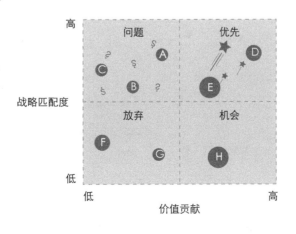

战略匹配度就是要考虑目标细分市场是否符合企业的战略发展方向，而不是仅参照当期的价值贡献度来取舍。以价值贡献为横轴、以战略匹配度为纵轴构成的矩阵帮助我们思考这个问题。

建筑师或多或少都有些大师情结，如果有机会参与一个博物馆的设计，都会很感兴趣，这是个人职业生涯的一种成就。但这种项目是产品型公司擅长的，是否符合一个生产型公司的战略呢？换句话说，就是强调个性化的项目与生产型公司的战略匹配度高不高？

在这个矩阵之中，既符合战略，又有价值贡献，当然是优先发展的业务，没有异议。战略匹配度高、价值贡献低的属于问题业务，这和上面现金流矩阵谈到的问题业务有类似的地方，区别在于思考的侧重点不同。面对问题业务，该坚持还是放弃，不能一概而论，需要具体分析。三益中国的董事长高栋告诉我，在三益中国确定转型为商业地产市场的产业化服务商的战略时，商业建筑在公司营业额中的份额很小，项目毛利率也不高，持续投入意味着短期机会成本（指把资源用于本项目而放弃用于其他项目时，所可能损失的利益）高起。现在，三益中国的战略转型初步成功，有一个现象可以反映他们现在的市场地位：几乎每一个商业地产投资商都知道三益中国，并知道三益中国不仅是建筑设计公司，还可以提供上下游的产业型服务。

价值贡献高、战略匹配度不高的业务对企业意味着机会。这个机会前面要加个定语，就是把它"卖掉的"机会。管理学上经典的案例之一就是 IBM 把笔记本电脑业务卖给联想集团。1993 年，郭士纳出任 IBM 公司 CEO 后，开启了 IBM 从制造商向服务商的战略转型，因此，PC 业务不符合 IBM 的战略发展方向，但尚有价值贡献，出售 PC 业务对 IBM 来说是必然选择。2004 年年底，联想集团宣布以 12.5 亿美元收购 IBM 全球 PC 业务。

在中国，由于政府对设计行业采取资质管控方式，设计企业不能通过出售部分业务板块的方式抓住这种"机会"。

第五章
Chapter 5

项目管理

设计公司的管理者大多是专业出身,有多年的一线工作经验,日常工作中最常遇到的是项目管理方面的问题。这里,先简单介绍些关于项目管理的基本概念。

项目管理是 20 世纪第二次世界大战后期由美国曼哈顿工程(原子弹计划)发展起来的管理技术,目前国际上形成以美国和欧洲为首的两大体系,分别以美国项目管理协会(PMI)和国际项目管理协会(IPMA)领衔。

项目是指一系列独特的、复杂的并相互关联的活动,这些活动有着一个明确的目标或目的,必须在特定的时间、预算、资源限定内,依据规范完成。项目参数包括项目范围、质量、成本、时间、资源等等。因此,项目具有一次性、目标的确定性、资源的约束性、组织的临时性等特点。

项目管理是指把各种系统、方法和人员结合在一起,在规定的时间、预算和质量目标范围内完成项目的各项工作。即从项目的投资决策开始到项目结束的全过程进行计划、组织、指挥、协调、控制和评价,以实现项目的目标。——引自百度百科

项目管理一般分为 4 个阶段:

1.启动阶段:发起项目、组建项目执行团队(包括项目经理)、确定项目利益相关者;

2.策划阶段:包括制订计划、配置资源、编制预算等,该阶段成果是项目策划书;

3.执行阶段:设计项目一般包括方案、初设、施工图、施工配合等执行步骤等;

4.收尾阶段:包括项目总结、评审、资料归档等。

大部分设计公司的项目管理只有第三阶段。的确,执行阶段是持续阶段最长的,但不是唯一重要的,很多在执行中出现的问题是由于没有做好前期准备工作造成的。

我在很多公司发现根本就没有项目策划书，项目经理不知道除了把活干完之外，还可能有其他项目目标（如结合项目的研发、品牌推广、客户关系、培养人才、质量、毛利率等等），也不知道可利用的资源有哪些。这里特别强调一下资源与质量之间的关系，设计公司的人力资源是有限的，不可能在所有项目上投入同等的优质资源，有时组建新项目团队只能是看谁有空就安排谁进项目组。资源条件不同，项目质量目标应该也不同，但公司管理者总是期待每个项目都能完成得很好，没有区别对待，这是不切实际的。收尾阶段同样也被忽视，不论项目结果好坏，都应该总结经验得失。许多管理者抱怨时间不够，忙得要死，没有时间关注一头一尾的策划和总结，实际上，时间资源总是有限的，这时的管理技巧恰恰是抓两头，而不是中间。

项目管理的工具有很多，如甘特图、鱼骨刺图、网络计划技术、里程碑计划等等，各有特点，对应的管理软件也不少，这里不一一赘述。

项目管理的三个视角

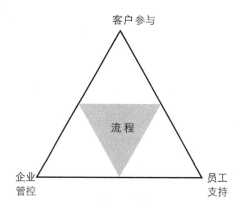

谈到项目管理，首先有个视角问题，哪些人对项目管理有需求？这些需求反映了什么样的诉求？作为管理者，第一反应往往是管控，希望通过有效的项目管理体系，能保证质量、进度，不出乱子，这样心里踏实。实际上，设计的项目管理涉及企业管理者、客户、员工三方，各方对项目管理都有诉求，如果仅考虑企业管理者自上而下的管控诉求，效果自然不理想。

首先是客户，客户与项目设计进程密切相关，但几乎所有设计公司在考虑项目管理时都没有考虑客户因素，基本上是自筹自划地安排内控的设计周期和节点控制，抱怨客户因各种各样的原因打乱我们原来的项目计划，比如，不能及时提供市政条件、销售部门突然提出要改房型、要求先出一版报建图、施工招标需要招标图等等。那么，我们为什么不把甲乙双方的活动都纳入项目管理计划中呢？客户找你是因为你是专业公司，类似项目你有丰富经验，你应该知道操作这样的项目，有哪些工作需要双方配合才能完成，有哪些工作需要经过政府部门的审批流程。例如，签合同时，甲方一般不会一开始就提供地质勘探报告，那他该什么时间提交呢？你在项目管理流程中排了这个节点了吗？客户知道这一点吗？如果他不专业，不知道该在初步设计前给设计单位提供地质报告，甚至不知道要做地质勘探，更不知道还有初勘与详勘之分，你也没提醒过他，反而理直气壮地说由于甲方没及时提交资料影响了设计进度，这究竟应该怨谁呢？

  合理的项目实施计划应该是甲乙双方共同参与制定出来的，特别是双方交互界面要理清，常规设计合同中约定的时间节点是粗线条的，不足以支撑双方协作。理想的方式是以时间为轴线，轴线的左边是甲方的活动，右边是我们的活动，表明活动间的前后关系、因果关系，这样双方的沟通成本可以降低，效率提高。过程中因外部条件变化引发的计划调整，双方有章可循，有理可讲，该延期的可以延期，该申请的修改设计费可以申请。即使不能延期，甲方不愿给修改设计费，我们权衡利弊答应了甲方，也算卖个人情给他，不至于公说公有理婆说婆有理，互相抱怨。

  我在CCDI工作期间，曾经与一位同事探讨过项目计划，他说政府投资的公建项目设计没法按计划实施，我问为什么，他说甲方都不懂行，总是打乱我们的正常工作，比如，方案完成之后甲方说他不敢拍板，要找书记看过才能定案，这是中国特色的长官意识。然后甲方开始约书记，得知书记因为开会、接待领导、下去视察、出国考察等各种安排，半个月以后才有时间，甲方也没办法，只能等。但几乎所有政府投资的重大公建项目都有关门时间，就是竣工时间是早就定下来的，倒排下来设计总周期也是定的。设计周期本来就紧，半个月耽误不起啊，所以很被动，很头痛。我说这个责任至少有一部分在你身上啊，他说怎么是在我身上呢？我说你为什么等方案做完了才请甲方约书记呢？你已经做了很多类似项目，甲方都不专业，他们没经验你有经验啊，你知道这种级别的公建肯定要书记在几个关键节点上拍板，才能继续推进，对不对？他说是，还没碰到过不需要书记拍板的。既然如此，在项目策划阶段制订计划的时候你就应该告诉甲方，根据我们的经验在哪几个节点上，应提前安排向领导汇报工作的时间。假设方案设计要八周时间，甲方提前两个月就约领导，把这事排进领导的工作计划表中，问题不就解决了吗？如果领导那天恰好已有安排，也可以在计划时间点的前后一周来调剂。这种政府重点工程领导是很重视的，只要有一定提前量，书记肯定能安排出时间听汇报。这样，原定八周的设计时间可能缩短到七周，或是延长到九周，这对项目组来说一般是可以接受的，设计周期不就很合理了吗？

上一章谈到了细分市场的概念，细分市场中的客户有一些共性，这些共性意味着项目操作过程中甲乙双方的交互界面存在很多相似之处，公司可以组织经验丰富的项目经理们坐下来，开个头脑风暴会，取长补短，把相关经验整理出来，作为同类项目的操作指导文件，并持续改进完善，既支持了我们项目经理，也向甲方展示了我们的经验、能力。

我曾有机会参与一个与KPF合作的上海陆家嘴超高层写字楼项目的设计，KPF在项目伊始，就拿出一张详细的方案设计阶段计划表，其中包括有几次汇报、具体时间、地点、汇报前KPF将提交的会议准备资料、汇报内容、提请甲方准备的资料、汇报后需要甲方确认哪些技术事宜等等。能看出这是KPF针对中国项目的甲方特点制定的计划表，表现出很高的专业水准。

计划是一种承诺，没有特殊原因，一旦确定双方都应该遵守。我曾经当过甲方，与设计院商定的设计进度计划经常被破坏，有甲方的原因，但更多的是乙方项目多，忙不过来导致的。后来，我不得不每天到设计院"上班"，就是为了盯着设计师们干"我的"活。设计师们烦透了，可我也没办法，工地上等着图呐。

其次，关于员工。很多民营设计公司的员工平均年龄都是30岁左右，30岁以下的员工比例普遍超过60%。虽然很多年轻人经验不足、能力不够，但是因为资源有限，也得用，而且年轻人很有热情，渴望经历项目锻炼，在技术上得以成长。那么，有经验的员工是如何指导他们工作的呢？

浏览一下招聘网站，可以发现很多公司都希望招到有工作经验的设计师，特别是工作5—10年的熟手，来了就能上项目。这个层级的设计师最难招，而企业自己培养又怕给他人做了嫁衣，这个现象要部分归结为员工培养成本太高。大家可能很奇怪，大部分设计公司的人力资源培训经费很低，员工培养成本怎么会高呢？这是两个概念，生手变成熟手，培训经费只是培养成本中的一部分。传统的作坊式方法是师傅带徒弟，要么师傅手把手地教，要么师傅不太管，靠徒弟自己不断试错，成本都是非常高的。能不能有方法让年轻人参照一定的规程，通过自我学习，师傅予以指导的方式实现快速成长？这样对企业而言降低了培养成本，更愿意招应届毕业生，因为他们可以在项目中得到管理体系的支持，既能完成一定工作量，同时实现自我学习、成长，成才率高，成才速度也很快。

有一家国内的管理咨询公司，平均的人才成长速度比其他公司快一倍，在他们那儿干一年半，相当于在别人那儿干三年，为什么？他们不是靠师傅带徒弟，而是通过公司的知识管理平台帮助员工自我学习，平台上有公司以往所有项目的相关文档，工作中遇到的绝大部分问题在平台上都可以查阅到类似案例，只要你肯学，成长速度可以很快，研究生毕业两年就能担任项目经理。项目过程中，客户如果提到一个顾问没研究过的问题，他会说对不起今天因为时间关系我没法回答你，明天我们再讨论。晚上回去加班，把公司资料库中所有与这个问题相关的资料全部调出来，进行整理、研究，明天再和客户谈，他就是半个专家了。还有一家建筑设计公司，2007年内部出台了一个比较成熟的项目管理流程，之后他们招大批应届毕业生，入职培训后一人发一本工作手册，就可以上岗了。项目经理每天给新员工安排一项工作，新员工打开手册，翻到某某页先看一遍，之后就知道该干什么、怎么干、完成的成果应该达成什么样。

不少管理者抱怨公司制定的项目管理规定得不到有效执行，认为是执行力的问题，我觉得这只是一部分，更重要的是这个规定是否综合考虑了企业的管控、客户的参与、员工获得支持这三方面的诉求，否则这个制度本身是否有可执行性都是一个问题。

项目管理的五个要素

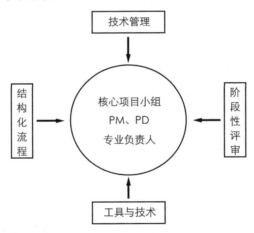

项目管理涉及五个要素，用一句话概括就是："核心项目小组"在"技术管理"的支持下，运用"工具与技术"，按照"结构化流程"完成项目目标，过程中应接受"阶段性评审"以确保项目处于可控状态。

1.核心项目小组。美国建筑设计事务所的项目核心团队包括项目经理（PM）、主创设计师（PD）、项目建筑师（PA），结构和机电的设计由其他专业事务所合作完成。三者分工合作的大体框架如下：

PM 作为项目目标的第一责任人，工作职责包括：

1）参与合同（包括合同变更）谈判，负责项目收款；

2）组织资源，特别是项目团队的人力资源安排；

3）参与拟定项目预算，并在预算获得批准后负责执行；

4）在 PD、PA 的协助下制定项目计划；

5）处理项目中相关各方的往来文件；

6）负责项目组成员绩效管理，关注员工状态。

PD 对项目品质负责，工作内容包括：

1）方案构思、创作、完善；

2）方案成果表达；

3）向甲方汇报方案以及相应的方案调整、修改、确认；

4）把握项目全过程中与品质相关的技术要点；

5）配合 PM、PA 的工作。

PA 对项目质量负责，工作内容包括：

1）对 PD 的方案创作予以技术支持；

2）各专业间的技术协调、配合；

3）协调组织项目的校审（如三校两审）；

4）与甲方进行技术沟通；

5）负责现场配合；

6）配合 PM、PD 的其他工作。

在中国传统设计院的项目管理体系中，没有 PM、PD、PA 这样的项目角色，设总是项目负责人。设总的职责大体与 PA 类似，以及一部分 PM 的责任，一些有方案创作能力的设总还承担 PD 的工作。国内设计公司近些年开始引进项目经理负责制，但都结合自己的实际情况加以改造，最常见的一种现象是在中小型项目上，方案阶段 PM、PD 合二为一，进入施工图阶段后，换一个项目经理，再将 PM、PA 二合一，有的 PM 还兼建筑专业负责人、设计人。经常有人问我，PM 该不该画图？应该说，PM

是项目中的一个岗位，这个岗位不需要画图，如果这个项目经理还兼任专业负责人、设计人等其他岗位，那就需要画图。换句话说，这个人画图时，是以专业负责人（或设计人）的角色工作，做项目管理时是以 PM 的角色工作，不能混为一谈。

2. 结构化流程。一谈到流程，很多设计师就担心固化的流程会制约设计创意，最好是拿流程去要求别人，自己可以随性一些。实际上，这是一个误区，只有有效的流程才能保证设计创意的发挥。管理学经验告诉我们，在任何一个我们称之为创造性的成就中，过去经验的总结对成果的贡献率高达 98%，真正能够发挥出创意并且达到较好效果的，不超过 2%。比如曼哈顿工程造出的原子弹，在人类历史上有划时代意义，但是制造原子弹的所有技术在曼哈顿工程启动前就全部具备了，曼哈顿工程把这些技术凝聚在一起成为一个体系，产品就是原子弹。建筑设计过程不可能比造原子弹更复杂，也不至于达到那种划时代意义的高度，完全可以有一种可行的结构化流程使设计工作更加有序，而不是随机的、个性化的工作方式。更重要的是，结构化流程能帮助我们理清项目的程序化工作和创意性工作，把创新能力发挥在可以创意的领域，而不必在大量琐碎的程序化事务中浪费宝贵的时间、精力，同时也保证了项目的基本质量。后面会谈到制定结构化流程的方法。

3. 阶段性评审。阶段性评审某种程度上是结构化流程中的一些重要节点，到了这些节点，项目团队的工作需要接受外部评估，以判断项目是否按预期目标执行，如设计品质评审、进度评审、财务状况评审、研发评审等等。

4. 工具与技术指的是设计过程中能够获得哪些工具和技术支持。20 多年前我刚毕业的时候，在设计院还是趴在图板上手工绘图，没有用上电脑，直至 20 世纪 90 年代中期，计算机出图才逐步普及，接着各种设计软件的出现帮助制图效率大幅度提高，七八年前一些公司开始尝试协同设计，近几年 BIM 又成为行业热点技术话题。上述种种都是不同水准的工具与技术，对设计成果表达、设计效率、协作等方面有相当影响。工具与技术还包括诸如网络设施、信息化平台、办公条件等对一线设计工作有支持作用的方面，属于双因子理论中的保健因子，而不是激励因子（双因子理论由心理学家赫兹伯格提出，认为组织成员绩效与两种因素相关，改善激励因子能激发员工积极性，改善保健因子能消除员工不满）。设计公司应当至少具备与其行业地位相对应的工具与技术条件，并适度超前，不能因为一味追求利润而在这方面落伍。

这里顺便谈谈我对 BIM 未来发展的观点。BIM 是对建筑全生命周期大有裨益的一项技术，目前，掌握和使用 BIM 技术的主要是设计公司，其他相关各方（业主、施工单位、监理公司、物业管理公司等)对这项技术还没有太多关注和投入,所以BIM还局限在设计环节。BIM对设计有直接帮助的项目类型有两种:形体多变的建筑(如悉尼歌剧院)和工业化建筑,后者由于构件数量多,设计、建造过程中协调工作复杂,BIM可以模拟构件安装过程,避免错漏碰缺。同样作为工具与技术的CAD和BIM,区别在于,即便外部关联公司不使用CAD,CAD的普及也能极大提高设计院自身的生产效率;而对BIM来说,除了上述两类建筑,如果没有外部相关公司的共同参与,没有成为建筑全生命周期中的技术手段,而仅用于设计过程,BIM的作用并不大。将来随着产业链上下游其他公司也能使用BIM技术,BIM才会像以前的CAD绘图一样普及到各种类型的项目。五种类型的设计公司中,产业型公司最需要BIM技术,因为产业型公司可以为客户提供全产业链服务,BIM能极大地提高工作效率。

5. 技术管理。技术管理有三个要素:技术体系、管理手段、管理对象,即运用有效的管理手段,将公司的技术体系落实在项目(管理对象)中。ISO (International Organization for Standardization) 认证作为传统行业的有效管理手段,曾被国内设计公司寄予厚望,但实践结果并不理想,原因可能是智力型企业与传统行业的差异。国内设计公司在技术管理上的最大问题是普遍没有自己的技术体系(第二章中曾提到KPF针对不同造价标准的超高层建筑的技术体系,包括材料、设备、构造、品质控制等一系列做法),日常管理就是靠总师办的几位老法师,在项目的方案定案、图纸审定中把关,满足规范要求而已。

项目管理的基础——WBS

WBS(Work Breakdown Structure)是把项目工作逐级分解成较小的、易于管理的组成部分的过程。

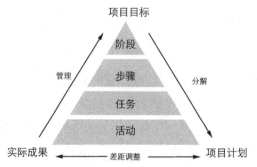

项目都有"项目目标",把目标逐级"分解"就形成了"项目计划";项目执行

过程中的"实际成果"与"项目计划"间存在"差距",对这种"差距"采取的措施就是"管理";阶段、步骤、任务、活动用来代表计划的四个层级,我们不必拘泥于四层级分解,多少都可以,只要具备可操作性。

我旁听过一些公司的生产例会(或运营例会),会议进程大体都是项目经理们先汇报一下项目进展情况,有哪些困难(会上也得不到解决),最后领导强调几句质量不能放松、进度不能放慢、责任心要加强、搞好甲方关系等等原则性问题,就散会了。下次开会,还是这种浮在面上的形式,没什么作用,项目经理们不满意,领导也同样不满意。生产例会不是在进行有效的管理,而仅仅是在处理项目进程中冒出来的临时性问题,而且这些问题具有相似性,就那么几类。我估计这种会一个月开一次可以,一周开一次也可以,一天开一次也可以,反正就是一堆问题。你从任何一个节点抓下去都可以发现问题,不抓也能这么糊弄过去,这些问题都无法实施有效管理,只能处理,没完没了地处理紧急的事。

这类会议失败的一个重要原因就是没有有效的工作分解,没有分解就没有管理!如果项目目标没有分解成为计划,那就意味着连管理对象都没有,哪里还谈得上管理!

我们看一个家庭装修工程的分解案例。

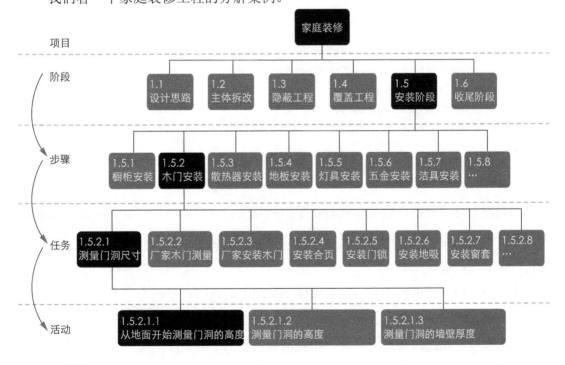

WBS分解:
- 完整性。活动的总和完全定义了项目所有要完成的工作任务
- 最底层工作包以小时估计
- 最底层工作包可分配给个人

第五章 | 项目管理

有过家庭装修经历的人，都知道那是件挺琐碎的事。有人就把家装工程进行了工作分解，首先分为六个阶段：设计思路、主体拆改、隐蔽工程、覆盖工程、安装阶段、收尾阶段。这六个阶段还不够细，没法操作，再往下分解，比如安装阶段可以分为橱柜安装、木门安装、散热器安装、地板安装、灯具安装、五金安装、洁具安装等等步骤。再看其中的木门安装，如果你打算安排一位老师傅完成这项工作，就不需要再分解了，因为他是熟手，知道该怎么做。如果想安排给经验不足的工人去做，就还需要把"木门安装"再分解，比如分解为测量门洞尺寸、厂家木门测量、厂家安装木门、安装合页、安装门锁、安装地吸、安装窗套等等任务。

以"测量门洞尺寸"为例，有一定经验的工人很清楚如何完成这个任务，不会把尺寸弄错了。但这事没什么技术含量，完全可以安排刚刚中学毕业的学徒来干，这样成本也低，所以还需要再进一步分解成三个活动：从地面开始测量门洞的高度、测量门洞的宽度、测量门洞的墙壁厚度。光分解还不够，还需要提供作业指导书和样图。

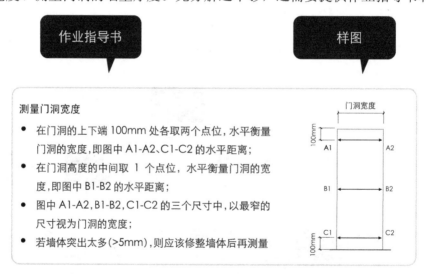

如果没有这个分解，学徒可能只量了门洞高度、宽度就以为完事了，你问他墙壁厚度测了吗？哦，还要量这个，没测，他又跑一趟，你可能会说这人真笨，其实不是他笨，是你没告诉他，他没经验，你把这三个活动说清楚不就行了吗？如果没有作业指导书和样图，他测的尺寸也可能有问题，比如测量门洞的宽度，要测上中下三道尺寸的，但他可能到现场只测一个，所以你要告诉他从门洞的上下各100处取两个点，水平测量门洞的宽度，在门洞高度中间取一个点测量门洞的中间宽度，这三个尺寸以最窄的视为门洞的宽度，若墙体突出太多，应修整墙体后再测量。这样够清楚了吧，如果这样他还看不懂、干不了，那这人就真不能用了。

有了这样的工作分解、作业指导书、样图，如果你是项目经理带着一帮学徒，还需要手把手地教他们吗？不用教，他们可以自己学，翻到手册某某页，先看懂，再去工地测量，回来告诉我结果就行了。如果没有这些指导，又只有学徒可用，结果肯定有问题，客户投诉、不付款等等紧急的事就会冒出来，你不得不处理。

设计公司为什么总觉得五到十年工作经历的骨干人才不足？原因之一就是没有WBS，而有经验的设计师对WBS的要求没那么高，大而化之地分分工，项目就可以有效运转起来了。可是，我还没有看到一家民营设计公司的技术骨干人才是充沛的，不少项目都是一两个骨干带三五个毕业生，骨干往往还要兼顾多个项目。

WBS的重要原则之一是：承担最底层工作包的人有能力应对，而且成果的进度、质量等要求是相关人员达成共识的。所以，不同企业面对同样一项工作，因为人力资源状况的差异，分解层级应该不同。

我在有的设计公司看到项目管理流程，问管生产的老总执行情况如何？他说不好。我看了看这个流程，上面有各个节点以及要求，比如某个节点要求成果符合甲方的设计任务书、符合消防规范等等，我问这个要求你看得懂吗？他说当然看得懂，是我写的嘛。你会干吗？那当然会干了，这么简单的事。我再问他，你打算让谁干呢？他说打算安排毕业一年的人干这事。于是我请他找一位毕业一年的设计师来聊聊。我问那个年轻人能看懂项目管理流程中的要求吗？知道怎么干吗？小伙子回答，不太明白，自己觉得该怎么干就怎么干。所以，如果员工的基本素质没有问题，就是管理者工作没到位，你会干，是因为你经验足够了，没有流程你也知道怎么干，你想安排年轻人干，就要从他的角度来进行分解。

我刚毕业的时候，在深圳的一家设计院工作过三年，那时正值1992年初邓小平南巡后，特别忙。我负责过一个高层建筑的设计，完全没经验，连规范都看不大懂，但人手不足，只能硬着头皮上。一次，要出报建图，建筑组组长提醒我要注意是否符合消防规范，我把高规找出来，看了半天没看懂，每个字都认识，不知道什么意思。翻完书，再看图，我也不知道哪儿是对的，哪儿是错的，估计年轻人都有过类似的经历。之后我继续辛辛苦苦画图，一天中午吃饭的时候，组长从我办公桌前经过，扫了一眼图纸，哎呀，你这图有问题，我说怎么了，他说你看这儿不符合消防规范，我问怎么不符合消防规范，他把规范翻到某一页说，你看这一条，是不是有问题。我傻眼了，返工要花一两天时间，自己辛苦也就罢了，怎么向甲方交代？要是早把这一条拎出来告诉我，不就少走弯路了吗？一本规范，对某一工作环节来说，重要的只有几条，

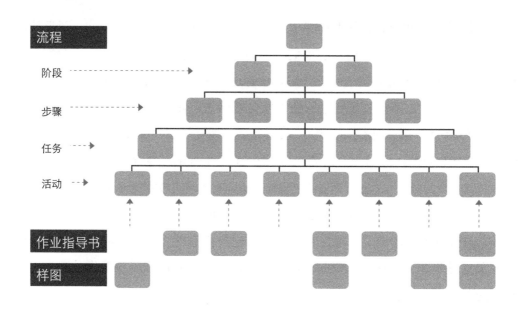

直接拎出来放进作业指导书中，再有样图做参照，工作效率就大大提高了。说明一下，当时组长对我们这些年轻人很好，没有工作流程和作业指导书不是他的责任。

项目管理手册的核心内容有三个：流程、作业指导书、样图。不是每个最底层工作包都需要作业指导书和样图，有的只需要作业指导书，有的只需要样图，有的两样都不需要。还有，不是每一个最底层工作包都能交给年轻人去做，技术含量高的工作包应该安排给有对应能力的设计师，比如方案评审，这件事无法也不需要做详细的工作分解，因为这事必须由总建筑师或副总建筑师来完成，他们都是工作很多年的，经验丰富，只需要一张评审记录表提醒他们避免子项疏漏就可以了。

流程图中，越是上层级的工作包，之间越应该是串联关系，比如做完方案再做初设，做完初设再做施工图，不能来回颠倒，否则返工量极大，设计过程中比较大的返工都是破坏了上层级工作包的串联关系造成的。越是下层级的工作包，之间既有串联又有并联关系，返工造成的影响也小得多。

谈到这里，大家可能觉得 WBS 的技术难度未必很高，但是很复杂很琐碎，出一本这样的项目管理手册成本不低，有必要吗？前面提到家装的 WBS，确实很细致，家庭装修对房主来说是一次性的，要是这么分解实在是太繁琐，不合算，也没必要。那么，谁需要呢？装修公司，因为它一年要装修几百套，甚至上千套房子，要组织很多工人完成数百次重复性的工作，有这套项目管理手册的支持，效率就提高了，质量也有一定保证，项目毛利率也会提高。设计公司一年有几十个、上百个项目，同样应该有这样的项目管理手册，这就是企业内部管理流程的研发，研发成功后应用到几十个甚至上百个项目上，产生规模效应。需要注意的是，不同的细分市场，项目管理手册的内容有差异，不能指望一套手册包打天下，住宅的方法不能用到写字楼上，写字楼的方法不能用到体育建筑上。对已经占领的山头（地位比较稳定的细分市场），WBS可以比较细致到位，让年轻人承担起大量程序性工作；对正在激烈竞争中的山头，粗略的分解就可以了，这是因为主要资源应投入在攻山头上，而精细的WBS属于挖战壕、修碉堡的性质，不是现在的事，另外，现在这类项目的经验我们还不够丰富，还需要积累。

在资源分配的策略上，成熟细分市场可以配置更多经验不足的员工，前提是具备有效的项目管理手册，尚未确立地位的细分市场中应配置更多经验丰富的员工。新兵守山头，老兵攻山头，守备部队的战斗力肯定不如野战军。CCDI在做"水立方"设计时，把全公司高层级技术人员筛了一遍，能抽出来的全部调到北京体育事业部，几年后，占山为王了，再撤出资源。

管理学和经济学上都有一个重要规律：规模产生专业化分工的需求，规模越大的市场专业化分工越细。第三章讨论的五种专业化导向的公司是市场规模大导致的，第四章讨论的细分市场概念也是为了迎合市场精细划分的需求，本章的WBS同样如此。

有意思的是，很多设计师有能力出色地完成设计任务，却没法把自己的作业过程分解出来，这说明我们缺乏流程能力。

讨论案例

这个案例是我在一家设计公司举办的管理研讨会上，组织的一个关于WBS的讨论，五个小组的汇报及点评，历时一个小时。

讨论题：将豪宅方案设计阶段分解为若干步骤。
讨论时间：20分钟。

第一小组：四个步骤，"听、读、写、说"。
听，就是收集资料。第一，听市场，市场上这个项目的增值点在哪里；第二，听甲方，听懂甲方的要求。
读，读懂我们自己作业流程、标准，把我们公司对豪宅的要求读懂，变成自己的知识。

写，就是设计构思、完成设计文件的工作。

说，设计成果出来后，组织方案评审，由项目组介绍方案。评审后可能有反复，再回到前几个步骤，几次循环后有了最终结果，方案阶段即完成。

点评：这个小组写得比较简单，但有几点很到位。第一，他们强调了收集资料，这是非常重要的与甲方互动的过程，要确保前期资料的完整、充分、准确。应该根据我们的经验，整理出一个 Checklist，比如有 20 项资料，收到一份画个勾，放进项目组共享的文档中，这样就不会有疏漏了，设计过程中和成果出来后，还要对照关键资料进行检查，避免与设计条件的冲突。我曾经经历过一个规划项目，辛苦工作一个月后交标，结果被废标，那项目方案做得挺好，业主也很认可，但是有一个硬伤，之前业主给过我们一张红线图，上面有该地块特殊的退红线要求，项目组忘了，那张图也不知道哪儿去了，方案是按照一般性退红线要求做的，结果有栋房子的一角超红线一点，专家评委会一句话就把我们辛苦一个月的成果废掉了。第二，这个小组提到了循环往复的过程，确实，方案设计往往不是一次性工作，中间过程有循环。第三，"听读写说"虽然有些过于简单，但易于记忆，作为一个口号有可取之处。

第二小组：八个步骤，"客户分析、现场调研、与甲方沟通、制订计划、方案构思和设计、方案汇报、方案评审、总结"。

解说：项目开始先进行客户分析，包括对客户的分析（如发展历程、过往项目、企业实力、战略发展方向、客户偏好等等）和对这个项目的具体分析，主要目的是深入了解客户的意图（需要）；然后到现场调研，包括收集设计基础资料，初步技术分析；根据以上材料与甲方进行充分沟通，确认设计任务书；回来后，要拟定方案设计计划，并和甲方沟通安排中间汇报时间；接下来是首轮方案的构思及设计表达，有草图、工作模型、 Sketchup 模型、户型图等等；之后向甲方汇报，汇报后一般需要调整，就再回到上一步骤，可能有 N 次的循环才能最后定案；定案后公司内部要组织一次评审，对最终设计成果从多角度（品质、质量、成本、人才成长等等）进行评价；项目组在评审结论的基础上总结经验教训，并整理文件归档。

点评：这个小组写得比较详细，有几个亮点。第一，他们把制订计划放在很重要的地位，一般前期经营已经确定这个项目的方案设计周期，比如一个半月，这期间项目组的每个人每天该干什么需要有个安排，要结合个人能力来考虑，避免前期放羊，后期吃紧的情况。而且，计划不仅是项目经理一个人制订的，最好是团队共同讨论的结果，这样有共识、有承诺。第二，他们把甲方的活动考虑进计划中，还谈到了计划应得到甲方的认可。第三，最后一个步骤是项目总结，这是很重要的，设计公司是智力型组织，知识管理很重要，知识来源于哪里？最重要的来源就是项目过程中的众多知识采集点。一个设计阶段的收尾处是很重要的知识采集点，设计成果、经验教训等等对以后的项目、公司管理、员工自我学习都有参考作用。比如，假设公司原来有豪宅类项目的WBS，在这个项目中，我们发现有的地方需要补充和完善，总结中先把修改建议记录下来，半年后，公司组织一次WBS回顾，综合多个项目的建议推出新版的WBS，实现持续改进，这就是学习型组织的体现。还有，总结对年轻人的提高很重要，完成好的要总结，完成不好的也要总结。

第三小组：六个步骤，"市场调研、收集资料、项目启动会（头脑风暴）、概念设计、汇报沟通、深化设计"。

解说：市场调研包括对当地房地产市场、生活习惯、甲方的背景、地段特征等情况的调研；需要收集资料主要是当地类似的建成项目的资料，如价格、建筑风格、户型、地段、卖点等等；正式设计工作开始前，要开个启动会，全体成员参加，分享已有的资料，同时进行头脑风暴，项目组成员群策群力，发散性讨论，看看有什么新思路，也提高团队的凝聚力；下一步要拿出几个概念设计，再与甲方汇报沟通，确定一个发展方向；接下来是方案深化，也是一个循环往复的过程，深化、汇报、调整、再深化、再汇报、再调整，直至完成。

点评：这个小组的最大特点是有项目启动会的环节。启动会的亮点之一是"头脑风暴"，头脑风暴是一个很好的形式，让团队成员，特别是年轻人一开始就有对项目的全面参与感，而不是感觉像个机器人帮PD画图而已。有了这种参与感，员工完成工作的意愿就提高了，可能变得非常积极主动。反之，如果他只能被动地接受局部任务安排，不了解工作价值所在，那他的状态就相对消极。察己则可以知人，察今则可以知古。我们自己要是只能被动接受上级的工作安排，也会消极的。管理者在与员工进行工作交流时，应尽可能把任务的前因后果、协作关系交代清楚，这样员工作业时就能发挥主观能动性，能考虑到你没想到的因素，碰上问题还知道可以找谁帮忙。CCDI体育事业部曾经在一个项目投标阶段的头脑风暴会上，约定每个进入会议室的人必须对方案提出评价意见，不论此人是否是项目组成员，碰巧有位保洁阿姨进会议室收拾东西，也被要求说两句，阿姨没见过这阵势，说了句这挺好玩的，算是过关了。

启动会的亮点之二是"分享已有资料"，项目组成员未必都参与了前期工作，在实质性设计工作开始前，需要把所有资料再次研读一遍，除了已经提到的材料，还包括双方历次会议纪要、合约（或者口头约定），以及公司下达的项目目标。推而广之，在项目各阶段之初，都需要这样的启动会。

启动会的亮点之三就是启动会本身。如果把一件事的进程分为事前（筹划）、事中（过程）、事后（总结）三个阶段的话，很多人习惯关注事中，忽视了事前和事后。说明一下，事先筹划不是下达财务指标而已，事后总结也不是秋后算账而已。对管理者来说，时间充裕的话，事前、事中、事后都可以关心。时间不够的话，应该关注事前和事后，而不是事中。事前筹划做到位，能激发出员工的主动性和对工作的期待，事后总结做得好，能帮助员工进步，如此可以形成良性循环。如果只关注事中，员工稀里糊涂开始干活，又稀里糊涂干完了，中间不断被你批评，还说他没责任心，他能有工作热情吗？没热情干得不好，又被你批评，你作为领导也越来越累，大家都没激情了，变成恶性循环。抓两头、放中间，领导就变成了员工的支持者，他们碰上问题来找你，得到指导、支持，而不需要你时时监督他们。

第四小组：八个步骤，"研究任务书、制订计划、产品研究、概念方案设计、方案设计、内部评审、方案汇报、方案报批"。

解说：第一步是研究设计任务书，因为方案阶段之前的前期阶段应该已经对相关资料进行了充分论证，其成果就是设计任务书，我们认真研究任务书就可以了，不需要再重复以前的工作；制订设计计划包括进度、人员、质量等方面；然后是根据项目市场定位进行产品研究；第四步是概念性方案设计；第五步是方案设计；后面是内部评审和方案汇报，第四步到第七步之间是个循环过程；最后一步是方案报批，项目完成。

点评：这个小组提到了"产品研究"，这是很值得商榷的事。产品研究肯定是应该做的，问题是早就该做还是等接到项目才做产品研究？前面提到过研发和细分市场的概念，企业在细分市场上应持续研发，拥有丰富的资料库，在这个基础上，因为具体项目的特殊性，可以适当做一些有针对性的研发，研发成果一方面用于该项目，另一方面补充到资料库中。我们做 WBS 的目的就是要把同类客户的类似项目设计在一定程度上变成批量生产（当然达不到制造业那种程度），如果针对每个项目做研发，就变成完全的定制，而不是批量生产。不能干着定制的活，收批量生产的钱，那就亏大了。所以研发在早期就要做，在市场推广前就应该有一定的研发成果。KPF 的资料库中有全球所有超高层建筑的资料，并且分门别类，如外形、外墙材料、垂直交通系统、标准层平面、地下室、裙房等等，专业建筑师对最新技术持续研究跟踪，而不是等接到一个超高层项目，才开始研究。大部分项目对 KPF 来说，只是技术选择问题，不是研发问题。

比如在我们定义的豪宅细分市场的产品里，主卧室卫生间原来有两个档次，分别是 8—10 平方米和 12—16 平方米。现在这个项目要做一个 20 平方米的卫生间，资料库中没有，需要研发。研发的第一步是收集资料，如果你能找到几十个 20 平方米左右豪宅卫生间的做法，第一步就成功了。我们是生产型公司，不是产品型公司，不要盲目创新。接下来是整理资料，把这几十个卫生间做法进行分类，功能上有什么提升，设备有什么变化，如何体现尊贵感，对景观是否有要求等等，还要考虑均衡性，即总面积多大的住宅需要设计 20 平方米的主卧卫生间。在此基础上提出理论假设，再通过分析成功和失败的案例去验证理论假设，最后得出我们对 20 平方米豪宅卫生间的设计方法。工作量最大最琐碎的是第一步，但技术含量不高，毕业生就可以干，甚至实习生也可以，第二、三步有较高的技术含量，需要经验丰富的设计师来判断。这就是生产型研发的三部曲：收集资料—分类—理论假设并验证。

这样的持续研发会让客户对我们的专业性愈加认可，品牌地位进一步巩固。

第五小组：八个步骤，"研究市场、提出类型、提出设计导则、与甲方沟通确认、方案设计、内部评审、方案汇报与调整、方案确定后转初步设计"。

解说：第一步是研究豪宅市场，平时我们也一直在做，把收集的优秀楼盘资料入库；第二步是结合项目的地点和市场情况提出这个项目的豪宅类型，比如面积、风格，就是总的设计原则；第三步是在类型的基础上进一步提出设计导则；接下来要与甲方沟通确认上述原则，这是第四步；后面是方案设计、内部方案评审、汇报及调整，这几步是循环的，最后就是方案确定转到初步设计。

点评：这个小组给我们最大的启发是提出了"设计导则"。2004 年，我在 CCDI 上海公司工作的时候，承接了上海华山医院与美国哈佛大学总医院合办的浦东分院的室内装修设计，要求按照美国标准设计。当时 CCDI 上海公司成立仅一年多，人才严重不足，我们的项目经理是一位马来西亚女建筑师，经验丰富，但只能给她配 8 个 20 多岁的年轻设计师，都没有医院设计经验。她该如何带领这样的团队完成如此有挑战性的项目呢？正式设计前，她先制订设计导则，再给年轻人培训，掌握了再上岗。比如护士站，导则中有三种形式的护士站，护士和病人（或家属）的交流方式有什么区别，对应的家具有哪些，尺寸如何都有详细规定。还有病房、诊室等，都有导则，年轻人经过培训后画的图也不至于太外行。这个项目现在已投入使用，建成的效果不错。

　　设计导则与 WBS 核心成果中的作业指导书和样图是相通的，区别在于后者仅在内部使用，前者还可以面对客户。特别是与新客户第一次合作时，沟通设计导则一方面展示了我们的专业实力，另一方面可以避免一些前期技术沟通不足造成的设计返工。

第六章
Chapter 6

运营管理

2006年2月,我由CCDI上海公司总经理的岗位调任总部运营副总经理。当时CCDI有五个分支机构,分别是深圳公司、上海公司、北京公司、体育事业部、纽约公司,共800多人,同时展开的项目有200多个。读MBA时,学过运营管理这门课,主要是关于传统行业,特别是制造业的运营管理方法,设计公司作为智力型企业,运营管理该怎么做我也不知道。跑到深圳书城,把所有和运营管理相关的书都买了,翻了一遍,觉得都没什么用。这个事让我头疼了很长时间,后来琢磨了几个月,才开始慢慢摸出点门道。这里谈的是运营管理中最重要的两点:组织架构和运营数据体系。

组织架构

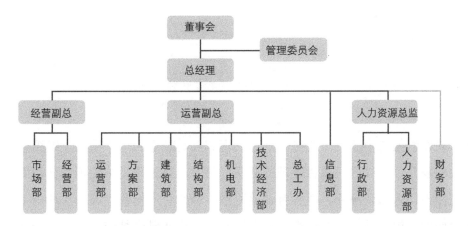

这是一个常规设计公司的组织架构图,大约一两百人的规模。有董事会、管理委员会(可能有也可能没有)、总经理(中小型公司往往由董事长兼任),副总经理有两个,

经营副总负责接活，运营副总负责干活，行政人力资源方面可以有一位总监。再往下分为若干个二级部门，经营方面的市场部和经营部，负责运营管理的运营部，专业部门有方案、建筑、结构、机电、技术经济等，负责技术管理的总工办，另外还有二线的支持部门：信息部、行政部、人力资源部、财务部。这是一种直线职能式的组织架构。

但是，设计公司是项目型公司，生产是围绕项目开展的，项目组是抽调各部门人员临时组建的，由这个小组来完成项目的任务，而不是由各个部门来负责完成任务。各部门之间也不是前后工序的关系，不像在工厂里，有车间一、车间二、车间三和总装车间，车间一干完了交给车间二，车间二干完了交给车间三，最后交到总装车间完成出厂。各专业部门相当于一个人才库，专业相同的员工在这里能共同成长，这是项目型公司的特点，管理学上称这种组织形式为矩阵式。

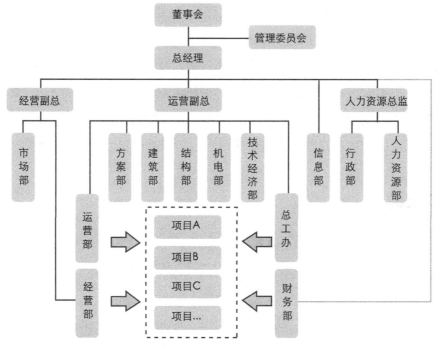

矩阵式组织架构中的员工要接受部门经理和项目经理的双重领导。组织架构上的一个重要问题是部门经理和项目经理的职责区分。项目经理是关注项目任务的，部门经理是关注部门人力资源的，两者有显著区别。经常有人问我，部门经理该不该管项目，这个问题的根源是部门经理都不是专职的，他们同时也是技术骨干，会兼任一两个项目的项目经理。从理论上看，专职的部门经理可以不管项目，但在设计公司，一位完全脱离项目的部门经理既不现实，也没有必要。可以按三七开来看待部门经理的工作精力分配，就是30%的精力放在部门管理上，70%的精力放在项目上，角色可以是PM，也可以是PD、PA、专业负责人，取决于他的技术能力与项目要求的匹配度。三七开仅是个参考比例，也可以是二八开、四六开，取决于部门发展阶段、公司业务状况、人力资源情况等条件。受部门经理管理幅度的制约，一个专业部门的最大合理规模大约是20人左右。

部门经理关注部门人力资源建设，具体包括部门的人力资源规划、员工职级配比、招聘、员工职业发展规划、绩效管理、员工关系、培训等等，公司的人力资源部是给部门经理提供各方面支持的。比如招聘，部门经理根据公司年度计划与运营部、人力资源部共同确定部门的人力资源需求（数量、能力要求等），人力资源部通过招聘渠道（网络、猎头、推荐等等）搜寻简历，并约请符合基本条件的人来面试；面试官由部门经理和招聘主管共同担任，部门经理了解应聘者的专业能力，招聘主管从其他方面予以判断；面试后，双方商议是否聘用，定什么职级，薪酬标准怎么样；最后由人力资源部与应聘者沟通确认。

什么人适合当部门经理呢？很多公司习惯让专业能力最强的设计师当部门经理，这可能源自中国文化中的官本位思维。实际上，就工作性质而言，部门经理要懂专业，但并不需要很高的专业水平，应该是情商高、懂管理、善于沟通的人当部门经理。有的设计师专业能力很强，也很愿意在专业上发展，但不太善于沟通，最好别让他当部门经理。如果以一个专业部门里专业能力最高的人为一百分的话，最适合当部门经理的往往是七八十分位的人，即中上水平。就像中学读书时，一个班五十位同学，人缘最好的往往是成绩排名十几位的，而不一定是前十名的，这样的同学可能最适合当班长。部门里有员工职级比经理高，收入比经理多，是件好事，破除官本位思维，有利于开放式企业文化的建立。

上面谈的是适合中小型企业的矩阵式组织架构，二级部门都是职能单元，不是业务单元。规模更大的公司会出现再上一个层次的矩阵，如CCDI有十几个事业部和地方公司构成的二级业务单元，各业务单元可以面向不同的细分市场和地域开展经营活动，有独立的研发—市场—销售—运营能力。

再谈成本中心与利润中心

在第一章里，介绍了成本中心和利润中心的概念，这里要再次强调在这两种思维模式下，组织架构的实际运作含义。

近十年来，业内有很多关于企业组织架构的改革探索，事业部、分院、综合所、专业所、工作室等等，不论名称是什么，关键是其实质是成本中心还是利润中心，两者在财务上的根本区别是利润中心要求业务单元自负盈亏，成本中心则不是。

是否给业务单元下达财务指标，不是区分利润中心和成本中心的标志。利润中心思维下，各业务单元除上交总部管理费外，收入、支出、资源调配等等均有完全的自主权，个人收益完全与本业务单元业绩挂钩，总部反而不需要下达指标，下达指标也没有任何意义。

业务单元是否有独立的财务账户，也不是区分两种模式的标志。利润中心模式下，即便各业务单元都必须通过总部账户实现收支，但钱是谁的，分得清清楚楚，所有者很明确。

总部是否有经营能力，是否能给各业务单元接来活，同样不是区分两种模式的标志。对利润中心下的业务单元来说，项目是自己接到的还是总部接到后分过来的，区别仅在于上交总部的管理费比例不同而已。

各种所谓组织架构改革的实质基本上都是在利润中心思维导向下，研究如何切蛋糕，一批小"山大王"表面上拥戴一个大"山大王"的格局，是团伙而不是团队。没有动力（也没有必要）提高组织的管理和技术水准，发展下去的最终结果，将丧失企业存在的经济学价值，靠卖图签过日子（前提是行业继续维持资质管控的行政垄断局面）。

成本中心思维下，企业是统一的整体，大家有共同的目标，各业务单元分工负责，相互支持。如果按照利润中心的思维，CCDI体育事业部在最初三年持续亏损，员工们就没有工资奖金，那还会有今天的盈利吗？更大的问题是，现在体育事业部的毛利率很高，那么现任总经理和创业期的总经理相比，谁的工作难度更大？谁的薪酬应该更高？按利润中心的说法，现任总经理的薪酬应该更高，而且是高很多很多，但显然我们都会觉得不对头。

成本中心下，各业务单元因为细分市场的外部情况不同、内部资源能力的差异、品牌地位的高低，年度计划（参照BSC平衡计分卡的四个维度制订，财务指标是其中之一）中的指标是不同的。有的业务单元今年就是要多盈利，有的允许亏损，但要完成组织资源、赢得行业地位的任务。

成本中心模式下，财务管理的原则之一是收支两条线。员工收入与考核相关，而不是简单的自负盈亏。"分蛋糕"是管理中的核心问题之一,很多管理问题都源于分配不合理。根据心理学家赫兹伯格提出的双因子理论,薪酬属于保障因素,不是激励因素,员工对薪酬不满意、觉得不公平会降低工作积极性,但仅解决薪酬问题并不能激励员工。利润中心模式在一定程度上有助于解决低层次发展阶段的分配问题,但阻碍了企业进步,从而影响到员工成长发展。

运营数据体系

大部分公司没有数据系统,决策缺乏量化依据,靠拍脑袋,各级管理者都是"三拍干部"——决策拍脑袋、干事拍胸脯、坏事了拍屁股(走人)。拍脑袋就是凭感觉决策,问题是面对同样的情况,感觉是因人而异的,比如在一家公司的年度管理会议上,有人说公司今年发展速度太快了,有点乱,也有人说觉得还不够快,双方争执不下,谁也说服不了谁。后来我问了一下人力资源部经理,粗略计算出该公司今年的新员工入职率是31%,流失率16%,实际增长率15%。感觉增长慢的是看到实际增长率不高,感觉太快的人是觉得流失率太高,员工队伍不稳定,双方专注的焦点不同。数据拿出来后,大家很快统一了认识。这不是简单的快慢之争,只要能降低员工流失率,双方的问题都能解决。

1 随着企业规模的扩大,商业直觉和经验已经靠不住,如何保证决策的全面和准确?	**为什么做 运营分析**	3 在已有的领域里,战略思路已经清晰。外部环境变化越来越快,如何用更少的时间管理现在,用更多的时间管理未来?
	2 组织无论大小,运转过程比较复杂,每天要做的决定相当多,迫使各级员工在很多时候要自己做决定。企业如何确保这些决定符合组织目标?	

上面这例子还比较简单,公司的运营管理要复杂得多,靠感觉拍板容易出问题。而且运营事关全局,一出问题就可能是大问题。开过车的人都知道,驾驶座前面有仪表盘,显示车辆行驶时的速度、发动机转速、温度、油耗、胎压等等数据,对司机安全行驶提供支持。如果没有仪表盘,你敢开车吗?经验丰富的司机有可能敢开,但也只敢开短途。公司运营管理也是如此,规模小的时候凭感觉决策,问题不太大,因为感觉与实际相差不大,等有了一定规模,开长途车了,再不建立运营数据系统,风险就大了。

听说过这样一个故事：2007年开始的金融危机导致美国失业率上升，领取失业救济金的队伍越来越长。一天，一个长期领救济金的乞丐发现在他前面排着一位以前经常在电视上侃侃而谈的著名经济学家，也在排队领失业救济金。乞丐惊讶之余嘲笑经济学家："你也有今天？看你以前挺风光的，现在咱俩没什么区别了。"经济学家回答："虽然我们现在都在这儿领救济金，但我们俩还是有区别的。区别在于你不知道你为什么在这，而我知道我为什么在这。"企业在激烈的市场竞争中，有成功的也有失败的，运营数据能提高决策的正确率，即便错了，也让我们知道错在哪里，别稀里糊涂就完了。

2006年2月，我坐在CCDI的深圳办公室里，琢磨如何建立设计公司的运营数据体系。三个月后，在几位同事的帮助下，拿出了第一版CCDI运营数据系统。

运营数据分析分成4个层级

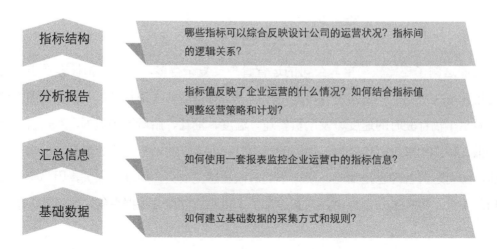

运营数据体系分为四个层次。最基层的是数据收集，有了基础数据就可以汇总生成各个管理模块的数据报表，之后形成整个公司的运营报告。指标结构是数据系统的核心，数据采集、报表、报告都建立在指标结构的思维上。

合同、产值、收入、支出、利润，这五个词是设计公司内部管理中经常提到的。在过去十几年中国蓬勃发展的外部市场条件下，对大部分公司来说，这五个数据之间的关系是一个比一个大，合同比产值大，产值比收入大，收入比支出大，支出比利润大。进一步研究可以还得出它们的量化关系，比如100个单位的新签合同额，大约有85个单位的产值，75个单位的收入，55个单位的支出，20个单位的毛利润。但是，这些指标不能指导日常管理行动，只能作为阶段性总结。如果你是经营部经理，仅有这些指标，知道该干什么吗？不知道。这合同该不该签，价格是否合适，签下来有人干吗？一系列问题都没有答案。

指标结构——公司层面

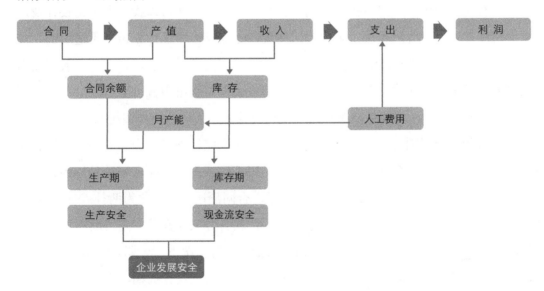

答案要从企业安身立命之本的角度来思考。有两个词对任何企业都很重要：发展、安全，但这两个词是概念，不是量化指标。由发展安全可以再导出两个概念：生产安全、现金流安全，这也是两个概念，但更直观，容易理解。智力型企业是轻资产公司，现金流安全尤为重要；生产安全就是一线员工保持相对合理的工作状况，忙闲程度适中，太忙或太闲都不太安全。太忙的时候，大家工作压力大，设计质量可能会下降,甚至有人会因此而离职;太闲就意味着产能空置,员工们也会担心薪酬会受影响,也不利于个人成长。这两个概念还是不能量化,管理学上有一个说法,不能量化就不能管理,历史学家黄仁宇在《万历十五年》中,把中国落后的原因归咎于技术上不能实施"数目字管理",说的也是这个意思。

生产安全的概念可以用生产期来反映,现金流安全的概念可以用库存期来反映。生产期和库存期这两个数字是什么意思呢?

生产期=合同余额/月产能,意思是如果没有新签合同额,现有合同未完工部分的工作量需要多长时间才能完成。当然各个项目所处阶段不同,有的在做方案,有的是初设或施工图阶段,还有的在施工配合中,有计划很紧的,也有不太急甚至暂停的。实际上,即使真的没有新签合同,也不可能在这个生产期内把合同余额都完成,但并不是说生产期没有指导意义,因为林林总总加起来的几十个乃至几百个项目,总体上会有一个合理的均衡,样本量越大参考意义就越大。

库存期=库存/月产能,这不是财务意义上的严谨概念,但是它可以反映我们未来数月是否有合理的现金收入,财务的现金流是否安全。设计公司的现金收入来源于库存,只有先生产出来,然后按照合同达到收款节点时,才可以找甲方申请设计费,所以没有库存就没有现金收入。丰田模式所说的零库存,对设计公司是不适用的,实际上,丰田的零库存是把库存压力转嫁到零部件供应商身上而已。月产能与人工费用(成本)有近乎直接的线性关系,而人工费用在公司总支出中占一半以上,并且比例大致恒定,所以月产能的高低在某种程度上可以反映公司现金支出情况。

合同余额=合同额-产值。合同额是公司所有未完结项目的合同总额,包括补充协议中的修改设计费。合同额有损耗的可能,甲乙双方都有可能出于种种原因暂停或终止合同,这就需要在数据统计上扣减合同额。合同额还可以细化为两种:有效合同、储备合同。比如,甲方和我们签了一个大合同,项目分三期开发,先启动一期工程的设计,二、三期工程将根据一期的销售情况再定。这种情况下,一期工程是有效合同,二、三期工程是储备合同。一般情况下,如果一个合同在设计周期、设计范围、设计费、付款方式这四个方面全部有明确规定的话,就是有效合同,储备合同不会都具备。运营数据中的合同额是有效合同额。

产值指的是已经完成的工作量,不论是否收到款,以前业内常说的年产值实际上指的是现金收入。产值有两种:经营产值、分配产值,本章的下一节有详解。运营数据中的产值是经营产值。

库存＝产值－收入。这里的收入指的是现金收入，以到账为准，与上市或拟上市公司的主营业务收入不是一个概念。库存包括产成品库存和在产品库存，产成品库存就是财务管理上的应收账款，即根据合同已达到收款条件但尚未到账的，在产品库存是尚未达到收款条件的已完成工作量。运营数据中的库存是两者的合计，当然，两者之间应保持一个合理比例，在产品库存过高的话，公司未来数月的现金流收入会有问题。

月产能指的是理论产能，即公司所有一线员工在正常情况下，理论上一个月能完成的产值。理论产能有两种算法，一种是管理水平高的专业化公司的方法，如一位设计师每月总工时＝8（小时）×22（天）＝176小时，利用率为80%（另外20%用于培训、研发、管理等，不能对外收费），他的每小时对外服务价格是600元，那么该员工的月理论产能＝176（小时）×80%×600（元／小时）＝84480（元）；另一种是国内企业常用的产值提成制算法，假设某设计师的职级目标年薪是24万，其中4万是基本工资，不参与产值考核，另外20万要经过产值考核才能拿到，公司规定的产值提成比例是20%，那么该员工的月理论产能＝20（万元／年）÷12（月）÷20%＝8.33（万元）。

经过一段时间（一般是半年左右）的数据积累，我们就能找到公司生产期和库存期的合理区间，如果出现异常情况，公司各管理部门就需要考虑采取对应措施。

假设某公司生产期的合理区间是8—10个月，本月运营数据显示，生产期是14个月，远超出合理区间，意味着生产上现在很忙，产能严重不足。这时，除了特殊项目，经营部门不能轻易签合同，特别是设计周期要求紧的合同。特殊项目有两类，一类是支点项目（骨头），能帮助公司确定细分市场地位的，比如再来个"水立方"，那就全体总动员，大家一定愿意豁出去干一把；还有一类是特别有利可图的项目（肉，很肥的肉），比如公司正常的住宅设计收费是一平方米35元，现在甲方就是看中了公司的技术能力，设计费给到一平方米50元，那就和大家商量商量，能不能再辛苦点，公司多发些奖金。同时，运营管理部门把所有项目再分析一遍，根据轻重缓急重新调整一下人力资源，还可以适当考虑把部分子项外包；人力资源部尽快补充新员工，原本属于可招可不招的可以马上发录用通知函。

反之，如果生产期只有5个月，远低于合理区间，意味着产能空置严重，经营部门应尽快签合同，在价格上与甲方正拉锯式谈判的项目可以适当降价，因为产能空置的成本更高。运营部门在这段相对空闲的时间里，可以多组织培训、研发、参观考察，员工福利上可以组织年度旅游、休假等，人力资源部门要放慢新员工招聘进度。

假设库存期的合理区间是 3—4 月，而本月运营数据中，库存期是 6 个月，意味着库存太高，库存坏账的风险加大，个别项目的账期已超出合理期限。前几年金融危机的时候，不少设计公司的库存期应该是大幅上升了（如果有运营数据的话）。这时，运营副总在会议上，应提醒项目经理们抓紧收款，特别是应收账款数额较大、账期超长的项目，别被甲方忽悠得还在赶进度，否则库存越来越高，越来越被动。

反之，库存期如果只有 2 个月，未来几个月公司现金流会有问题，轻资产型的公司也没有什么融资办法，怎么办？老总签字的时候能抠的抠点，这几个月别轻易花钱，供应商（模型、效果图、晒图等）的钱缓一两个月再付。更重要的是，项目经理们赶紧干活，想方设法把设计进度往前推，这样才能增加库存量，才能缓解现金流压力。

需要特别说明的是，上面提到的数据和管理措施仅是举例，每个公司的内外部条件有差异，实际数据状况都有区别，即便是同一家公司的不同业务单元（事业部），由于面对不同细分市场，数据也不尽相同。数据异常时，采取的管理措施更需要结合其他情况综合判断，不能从拍脑袋决策变成唯数据决策，从一个极端走向另一个极端。

运营数据结构的核心是产值，如果不能对产值进行有效统计，那么数据结构就可能严重失真。

前面谈的是公司层面的指标结构，而公司数据是把若干个项目数据汇总组成的，下面分析项目层面的指标结构。

指标结构——项目层面

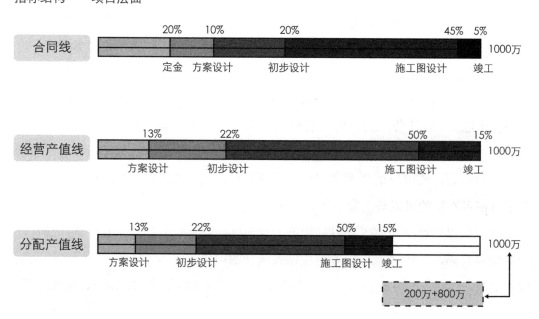

项目层面的指标要从合同线、经营产值线、分配产值线这三个角度来认识。合同线是按照合同的收款节点把项目分为几个阶段，图中假定一个总设计费1000万的项目有五个收款节点：定金、方案交图、初设交图、施工图交图、竣工验收，付款比例分别是20%、10%、20%、45%、5%。但是，这些节点不能用于内部生产安排，我们还要有一条经营产值线，两者的总额相同，但比例和阶段不同。阶段上没有定金，因为成立项目组时，公司不需要给大家先发定金；比例不同是因为项目进展过程中的内部资源投入，不是按照合同比例发生的，而是按照我们认为合理的各阶段投入比例产生的，图中假设四个阶段比例分别是13%、22%、50%、15%。按产值来考核一线员工薪酬的公司还需要分配产值线，因为项目肥瘦不均，需要对各项目分配产值进行调节，不能直接把合同额当分配产值，就像前面提到的常规收费一平方米35元的住宅项目，结果50元/平方米签下来了，分配产值可以适当提高，比如按40元/平方米，但绝不能按50元/平方米进行产值分配。另一种情况是支点项目（骨头），对企业品牌建设、技术发展很重要，但设计费低，只有30元/平方米，在考虑分配产值时就一定要提高到合理水平。分配产值线与经营产值线的区别是总额不同，阶段和比例相同。图中假设该项目分配产值是800万，另外200万可能来源于品牌溢价能力、经营部门的合约谈判能力等其他非生产因素。所以，分配产值也可以理解为生产环节创造的价值。有些公司，特别是正规外企，采用年薪制而不是产值考核，就不需要分配

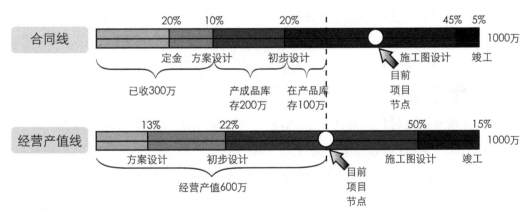

产值线。

把项目层面和公司层面的数据结构对照，就能直观地理解前面提到的几个关键指标的含义了。假定现在该项目形象进度为完成施工图设计阶段的50%（图中圆点位置），指标数据如下：

合同额：1000万；

产值（经营产值）：600万；

收入：300万；

库存：300万，其中产成品库存200万，在产品库存100万；

合同余额：400万。

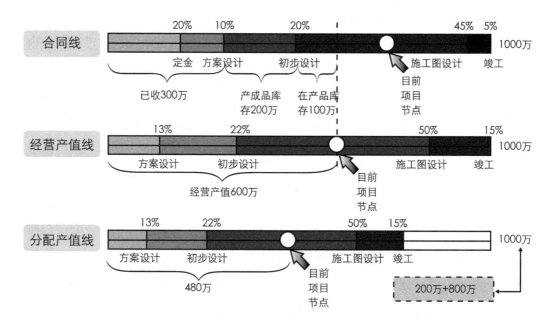

项目中没有生产期、库存期之说。

给大家留一道思考题：如果现在该项目甲方因某种原因提出终止合同，并承诺按合同约定，根据已完成工作进度结算设计费，我们应要多少设计费？

三条线上都标有施工图阶段50%进度的位置，分别对应725万、600万、480万的结算设计费总额。但是甲方并不知道下面两条线，双方的谈判基础是合同线。

据说，在前互联网时代，总部位于伦敦的ATKINS租用卫星保证运营数据的及时传递，每周一上午CEO可以看到全球上千个项目的运营报表以及各业务单元和整个公司的运营报告。由此可见运营数据对大型公司运营管理的重要性。

对基础数据进行分类、汇总、提炼就可以做出月度运营报告。也可以每周做，但

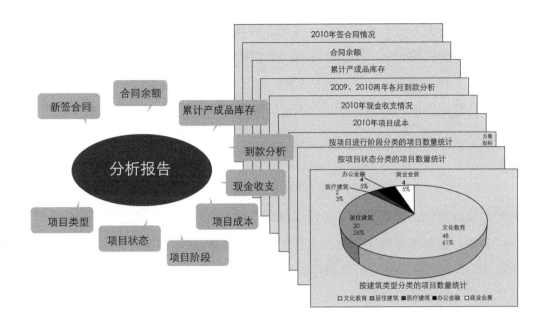

管理成本就高了,还可以按季度做,但对日常管理的指导就缺乏及时性。

数据收集是自下而上的过程,整理成报告、报表后一定要再有一个自上而下的信息分享过程,各级管理者都需要得到信息反馈来支持他的管理决策,所以,报告、报表应根据阅读对象的需求分类,比如,提供给运营总监、部门经理、项目经理的报表是有差异的。月度运营例会的第一件事就是通报当月运营情况,用数字说明问题,在数字基础上讨论问题。

有家公司的老总曾经问我:前段时间感觉人力资源还够用,现在几个项目同时上施工图,人力紧张,现招人又来不及,怎么办?我说,你这问题描述的就有问题,显然没有运营数据体系,说的都是感觉,该怎么办我们先不说,起码得把事说清楚,让管理层有共识。量化表述可以清晰地反映这位老总所提的问题:

"前段时间感觉人力资源还够用"——今年前三个月,全公司一线员工的工作饱和度分别是70%(即按一天工作8个小时算,有5.6个小时计入项目工时)、80%、85%,一月份数据低与春节有关;

"现在几个项目同时上施工图,人力紧张"——上个月,即四月份的工作饱和度上升到105%,个别员工已经达到140%,加班很多。现在有4个项目同时在做施工图,施工图设计周期都是两个月,预计本月工作饱和度还将继续上升,并持续到下个月。这4个项目总产值2000万,按施工图阶段产值占比45%计算,仅这4个项目两个月完成的产值有900万,估算投入各专业人员共40人,人均月产值11.25万;

"现招人又来不及"——公司以往一线员工的实际招聘周期（用人部门发出招聘需求至新员工到岗之间的时间）平均为45天，现在招聘来不及缓解本轮人力紧张状况；

"怎么办？"我不知道，各公司情况不同，能采取的有效应对措施不一样。但是，量化描述已经让管理者了解到真实情况，不论采用什么管理措施，心里都有底。

分包

近些年，设计分包，尤其是施工图设计分包是行业内热议的话题之一，有的公司也做了一些尝试，但基本不成功。表面上看来，建筑设计公司主要靠方案设计能力接活，方案定案后，大部分项目的初设和施工图设计阶段是各专业成熟技术的综合表达，创意成分不多，分包应该是可行的，而且国外设计公司之间的分包是很常见的，为什么中国现阶段以分包模式扩大企业经营规模不太可行呢？

任何企业的产出，不论是有形的还是无形的，其产品性能与客户需求之间，有两种关系：性能不足和性能过剩。

性能过剩就是市场上绝大多数产品的性能已超过大部分消费者的实际需求，产品差异度很低，趋于同质化，消费者也没有太多个性化需求。比如家用电器行业，十几年前，买家电要看品牌，不同厂商的产品性能差异比较大，消费者也比较在意牌子。现在，如果你要买电器，估计第一反应不是各家电厂商的品牌了，而是渠道商，如苏宁、国美，或者京东商城，这些渠道商满足了消费者购物便利性需求。相同价格档次，各厂商的产品性能几乎是一样的。在性能过剩的市场中，厂商无法通过产品差异化获利，不得不转为更精细化的成本控制。降低成本的重要方法是组件标准化、社会化，这样可以大规模批量生产，由此可能会造成组件性能略有降低，但由于产品本身性能过剩，所以仍然能满足消费者的实际需求。组件标准化使产品各模块接口界面非常清晰，成为行业惯例，企业间的分包协作不存在技术障碍。

性能不足的产品市场则相反，消费者对厂商提供的产品性能仍不满足，愿意为更高性能的产品买单。于是，厂商通过研发推进技术进步，持续提高产品性能，在满足客户需求的同时获利。这时，所有组件应尽可能作为一个整体来研发，所以模块接口不清晰，不同厂商的类似组件在很多方面有差异，企业间的大规模社会化协作存在技术障碍。

在第四章的细分市场分析中，我们谈到依靠降低成本来获得竞争优势是智力型企业的噩梦。值得庆幸的是，似乎只要人们对智力型产品或服务有需求，就一定是差异化的，即便这个行业即将日薄西山，也不会走进成本领先的泥沼。比如算卦业（如果可以称为一个行业的话）在近现代的衰落使卦师失业，但卦师们无法通过降价来维持行业生存。

所以，智力型企业所提供的产品和服务总是处于性能不足的状态，没有最好，只有更好。教师授课、医生看病、律师打官司、画家创作、导演拍戏等等智力产出，不会让消费者产生"已经好得过头了"的感觉。建筑设计同样如此，我们可以把与设计产出相关联的非智力型工作（模型、效果图、晒图、打印等）分包出去，而很难能把紧密相关的技术工作分解成若干模块，不论是按专业还是按设计阶段来分，都无法达到社会化协作所需要的界面清晰、组件标准化程度。

国外设计公司间的"分包"其实是一种"合作"。合作的前提是资源能力的互补，即 A 公司接到项目后，因为某种能力不足，寻求与具有此项能力的 B 公司合作，如建筑事务所与结构、机电事务所的合作；分包的实质是 A 公司并不存在能力不足的情况，只是由于忙不过来，或者自己干成本更高等原因，将部分工作分包出去。国外设计公司专业化水准高，不论是按专业、按技术特点、按设计风格或按建筑类型，相互间的差异化都很明显，合作成为一种有效的资源配置方式。合作是能力互补，分包是成本转嫁。

中国建筑设计行业目前还处于半职业化发展阶段，离专业化阶段还有相当距离，企业间合作很难保证质量（原本就性能不足），分包就更难了，所以现在市场上只有个别有特色的专项设计事务所（建筑或结构）有一定生存空间。

换个角度看，分包难是件好事，因为如果分包容易，就意味着成本竞争可能成为设计市场竞争的主要手段之一，那时，行业衰落可能就不远了，我们该像大部分卦师一样失业了。

第七章
Chapter 7

人力资源管理

设计公司（尤其是产品、技术和生产导向型企业）的关键资源是"人"而不是资本，但人才恰恰是最难把握的。如果一家公司有几千万的资本而缺乏优秀设计师，另一家公司没有多少启动资本而拥有五位业内知名的设计师，相信大家都会看好后者而不是前者。

在设计公司这样人才扎堆同时又非常依靠团队合作的企业中，人与人之间的有效沟通至关重要，因此在介绍设计公司的人力资源管理之前我们先深入了解一下人与人之间的沟通方式以及沟通方式对团队工作的影响。

沟通方式

加拿大著名管理学大师亨利·明茨伯格在《卓有成效的组织》一书中，将人与人之间的沟通方式分为三种：直接沟通、监控和标准化。

直接沟通，就是所有事件相关人可以随时、用任何他（她）认为有效的方式与他人沟通，以传递信息、协调工作。头脑风暴会议就是这种方式的典型代表。直接沟通的优点是每个人都有机会发表见解，成员有参与感、归属感，团队凝聚力强，特别适合小型团队应对有挑战性的工作。随着团队规模

人际沟通方式

1. 直接沟通

2. 监控

3. 标准化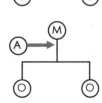

扩大，仅靠直接沟通，效率会大幅度下降。10 个人的团队理论上存在 45 条两两直接沟通渠道，20 人的团队存在 190 条两两直接沟通渠道，沟通变得非常麻烦。政治上也是如此，就参政议政的效果而言，参会人数越多的会议，越没有实际意义。

于是，就有了第二种沟通方式——监控。团队成员（图中的 O，即操作者）之间有问题需要协调沟通时，不直接交流，而是向上级（图中的 M，即经理）汇报，由上级来判断如何处理这个问题。这样，10 个人的团队，1 个上级，9 个成员，沟通渠道只有 9 条，20 人的团队只有 19 条，沟通效率可以大幅度提高。有效的监控有两个前提条件，一是这个上级的能力、经验、个人魅力等方面被成员们认可，大家相信上级的判断是最佳的；二是团队规模受个人管理幅度（指管理人员能有效管理的部属数量）的制约，不能太大。

上述两种沟通方式非常适用于 50 人以下的微型设计公司。曾有微型公司的老总与我探讨建立管理制度的问题，我说你不需要，至少是现在不需要通过制度来管理，制度化管理的成本也不是你现在能承受的。

小型公司（50—200 人）开始面临制度化建设的需求，这在沟通方式上，就意味着要建立标准化的沟通渠道。图中 A（分析者）的任务就是对日常工作进行分析、研究、分解，并提出标准化的方法、要求，大家按规则各司其职，可以减少大量程序化沟通。出现例外情况时，把问题提交给 A，由 A 考虑是需要修改规则，还是个案处理即可。特别强调的是，A 是一种职能，未必是特定的某个人或某些人来定规则，设计公司中最常见的情形是就某个技术或管理问题组织相关人士讨论，达成共识，形成制度。

标准化沟通分为三种：成果标准化、流程标准化、技能标准化。

成果标准化就是对最终成果或阶段性成果提出明确要求，而不论中间过程如何。现在，甲乙双方签的设计合同，越来越厚，除了政府规定的标准合同上对设计成果的要求外，甲方还有很多个性化要求。设计公司内部管理上，成果标准化的沟通方式也很常见，各专业、各设计阶段的界面要求（如施工图阶段专业间互提资料深度要求）就是成果标准化的体现。

对经验丰富的设计团队来说，把成果沟通清楚就可以了，因为他们完全有能力保证成果符合要求。但实际情况是，企业的人力资源不可能那么充沛，如果你把任务交给一个经验不足的设计师，不问中间过程，半个月后他交出的成果很难达到你的期望，这时虽然你有权力处罚他，但已经造成很大损失了；而且，团队成员都是有经验的设计师就意味着成本高。所以，期待成果就必须关注过程。

关注过程不能靠人盯人的监督（监督的成本也很高），流程标准化是有效的过程管理方法。流程标准化的典型案例是汽车制造的流水线，1908年9月27日，福特汽车公司生产出第一款流水线制造的轿车——T型车。流水线制造的量产车虽然缺乏个性，但产量高、成本低、质量稳定，对员工素质要求也没有那么高。但是，过度的流水线方式使工人无法感知其工作与最终产品之间的关系，缺乏成就感、价值感。喜剧大师查理·卓别林在《摩登时代》中扮演的工人，每天的工作就是紧固六角螺帽，枯燥乏味。大学毕业后，我曾经在深圳关外的一家台资工厂的流水线上当过两个月的工人，对此有一定体会。

第五章中谈到的WBS就是设计公司流程标准化。智力型组织的WBS与制造业的流水线都是出于关注过程，规范行为的目的，但内涵有很大区别：首先，流水线上的工人在工作中投入的主要是体力（生理性的），智力型组织的员工投入主要是智力（受心理影响很大），所以，前者可以细化到动作层面（如《摩登时代》中的卓别林），后者则不能也没必要；其次，传统制造业的产品是标准化的，设计公司的产出是定制的，WBS的目的不是消除项目的个性化需求和设计师的个性化创作；第三，传统制造业设计流水线的出发点完全是从产品出发，不太考虑工人的心理需求，甚至仅把人当做替代机器操作的工具而已（因为人比机器便宜）。2010年引发社会关注的富士康员工跳楼事件与管理过度流程化，工作中完全没有乐趣可言相关。与此相反，设计公司在WBS工作分解中，必须综合考虑客户、企业、员工三者的诉求，特别是要满足员工成长的诉求，否则执行效果一定不佳。

但仅有成果标准化和流程标准化还不够，更重要的是安排能力合适的人去从事相应的工作，比如，我是学建筑学，你把结构设计的工作交给我，告诉我成果要求，再给我项目手册，流程、作业指导书、样图一应俱全，我还是干不了，因为我不具备相关技能。再比如方案评审，你要一个刚毕业的去审图，他肯定什么问题也看不出来，因为那是高级建筑师（工程师）才能胜任的工作。管理上所说的"安排合适的人去做合适的事"包括三个含义："合适的事"就是通过WBS把项目分解成合理的工作包；

"合适的人"就是甄别员工的技术能力,对技能予以标准化认定;然后再将"合适的人"与"合适的事"匹配。

  现代企业中,直接沟通、监控、成果标准化、流程标准化、技能标准化这五种沟通方式都同时存在,发挥各自的作用,规模越大的公司,对标准化的沟通方式要求越高。前面提到过,成本中心的组织思维模式是企业发展整体实力的必要条件,而成本中心对管理能力要求高,很多中国企业一旦规模扩大就难以维持统一管理,不得不放弃成本中心转为利润中心,根源之一是在沟通方式上无法建立标准化渠道。中国文化有人治的传统,习惯于直接沟通和监控,政治上"阴谋""阳谋"盛行,而标准化沟通方式所依赖的基础——透明,在中国没有根基。在中国,有时法律是可能被挑战的,企业管理规定是可以破坏的,而且这些例外都是自上而下蔓延开来的。要想把企业做强做大,必须过这一关。

  对智力型组织来说,三种标准化方式中,技能标准化最重要。一位大学数学老师告诉我,为应付教委的学科评估,他们教研室不得不把教案细化到每五分钟讲什么内容、有哪些关键字,甚至关键语句也要写在教案中。这是一种多么变态的追求流程标准化啊!难怪中国的教育看不到希望。1925年,清华大学创办国学院,聘请王国维、梁启超二位国学大师担任导师,再加上随后的赵元任、陈寅恪,史称清华国学院"四大导师"。校方聘请"四大导师",重视真才实学,不慕虚名,不轻信文凭。"四大"中,只有赵元任有哈佛大学博士学位,而王、梁、陈等三位,均无博士、硕士头衔,较为年轻的陈寅恪连个学士学位也没有,梁启超的"文学博士"称号是后来耶鲁大学赠予的。

中美两国招聘广告对比

心理学大师教师招聘(非教授级别)

美国的招聘广告

1. 博士学位(已完成);
2. 具有心理学方面的成功教学经验;
3. 愿致力于本科教学和心理学研究;
4. 请标明你的教学理念、研究兴趣等。

中国的招聘广告

1. 硕士,年龄在28岁以下;
2. 博士可适当放宽年龄条件;
3. 语言表达能力强,英语6级;
4. 本科、研究生专业一致;
5. 发表论文不少于2篇;
6. 党员优先。

  2010年第22期的《读者》杂志上有一篇中美招聘广告对比的文章,很有意思。

同样招的是心理学大学教师（非教授级），美国更多描述的是该岗位工作所需的技能和能力的具体要求，没有量化数字；中国所要求的基本是外在的，如学历、年龄、语言、政治面貌等，是可以量化的。对应聘者来说，在美国要准备的资料是开放式的，能体现你的能力；在中国需要递交的资料是封闭式的，按规定提交各类证书即可，一个识字的、不是太笨的人就可以胜任第一轮资料筛选，剩下的就是幕后的关系交易。

在技能判断上，追求量化是没有意义的，这和运营管理中量化数据能帮助我们识别企业状况不同。有人会问，不能量化，如何做到客观呢？其实，在对人的判断上，客观就是主观。我在好几家公司做过尝试：一个部门十几个人，长期在一起工作，给他们每人发一张纸，要求大家无记名地把十几个人按能力高低分为三档，结果基本一致。

技能标准化的形式有两种：外部标准化和内部标准化。

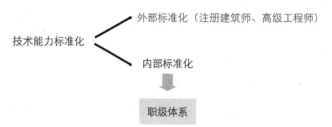

其实，外部技能标准化我们一点也不陌生，注册建筑师、注册结构师、注册机电设备师、教授级高工、高级工程师、工程师助工，这些都是企业外部对员工技术能力的认定。但是，我们发现在企业实践中，不能完全按照外部技能标准化来进行工作安排。比如，考过一级注册建筑师意味着该员工应该有独立执业能力，但他的实际能力未必能胜任。我曾经的同事中就有一次考过九门，拿到一注的，原因之一是他刚毕业不久，会考试，这时哪怕让他当个建筑专业负责人，他自己都不敢干；同时，还有一些人屡考不过，甚至索性放弃了，但是他的专业能力很强，能当 PM、PD 或 PA，有的业主还慕名而来。所以，不能单靠外部的标准化替代对员工实际技能的认定，企业（尤其是大中型企业）必须有自己的技能认定标准，也就是职级体系。

职级体系

人力资源管理，是在经济学与人本思想指导下，通过招聘、甄选、培训、报酬等管理形式对组织内外相关人力资源进行有效运用，满足组织当前及未来发展的需要，保证组织目标实现与成员发展的最大化。一般把人力资源管理分六大模块：人力资源规划、招聘与配置、培训与开发、绩效管理、薪酬福利体系以及劳动关系管理。

人力资源管理的基本内容

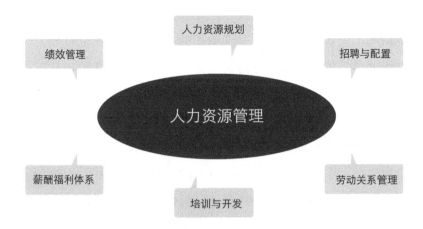

正如营销管理的核心是细分市场观念、项目管理的核心是 WBS、运营管理的基础是组织架构和数据系统一样，人力资源管理同样有核心，这样才能把六个模块的工作协调起来，各模块也必须以这个核心为出发点来考虑工作展开。

这个核心就是职级体系。

建立在能力模型基础上的职级体系对人力资源管理的六个模块起到重要的指导、牵引作用，或者说，人力资源工作的目标就是支持公司和个人的能力持续提升。比如招聘，用人部门告诉人力资源部门需要招聘三位员工，一位四级的和两位三级的，清晰明了。职级不同，薪酬福利、劳动关系管理、需要接受的培训、绩效管理方法都有差异。

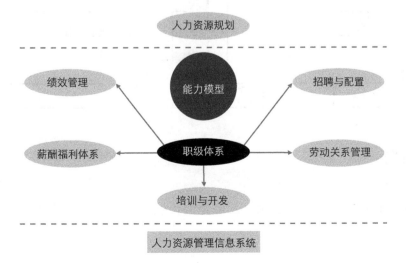

需要特别强调的是，职级是能力的反映，既不是职务也不是岗位，没有名额的限制。比如，副总建筑师是职务，负责技术管理方面的工作，需要技术职级达到五级或六级的员工来担任；项目经理是岗位，根据项目任务的难易程度，可以由四级、五级乃至六级的员工担任。不少公司建立的职级体系把职级与岗位混为一谈，比如三级的称谓是专业负责人，四级的称谓是项目经理，因此还有各职级的工作职责说明，这是有很大问题的。职级与能力相关，其称谓是开放式的；职责是与岗位对应的，其称谓是封闭式的。专业序列员工的岗位通常有两种：中长期的和临时性的，总工、副总工是中长期的技术管理岗位，项目经理、专业负责人是临时性的岗位。

曾经有家公司的老总告诉我，公司平均不到一年就要进行一次组织架构调整，我觉得很奇怪，问他为什么，他说年轻人逐步成长起来了，需要给他们予以认可，认可的方式就是给个官衔。结果是，一个不到 20 人的专业所，有所长、副所长、所长助理、组长四种头衔，超过 1/3 的人有帽子，至于要做什么管理工作，谁也不知道。这就是技术行政化在设计公司的表现。技术成长通道本应该是开放式的，而行政管理体系是金字塔形的，两者在理念上有根本冲突。如果有职级体系，这家公司就不必频繁发官帽，技术职级晋升就可以起到肯定、激励员工的作用。

设计公司可以根据员工工作性质的差异将职级体系分为若干系列，如管理序列和技术序列，对应不同的能力模型。

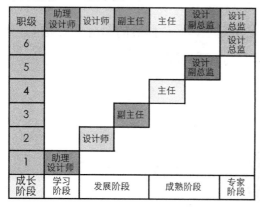

职级体系——技术类

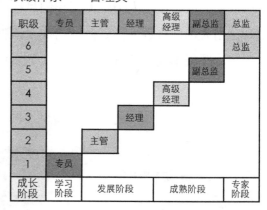

职级体系——管理类

能力模型

在设计公司谈能力，多数人的第一反应是设计能力，会不会做方案，能不能画施工图。实际上，设计能力是能力模型中专业能力中的一部分。五合国际的刘力博士在其 2011 年 9 月 21 日的一则微博中，精辟地描述了刚工作建筑师需要提高的八个能力：语言表达能力、文字表达能力、成果界面组织能力、项目管理能力、商务管理能力、市场研究能力、分析判断能力、学习能力，此 8 种不是设计专业课程，但是设计能力的基础，也是设计能力的拓展。刘力博士提到的这八种能力分别属于领导能力和专业能力，建筑设计是应用性很强的智力工作，如果沉醉于象牙塔式的孤芳自赏，不仅没有实际价值，实际上也根本无"芳"可赏。

能力模型

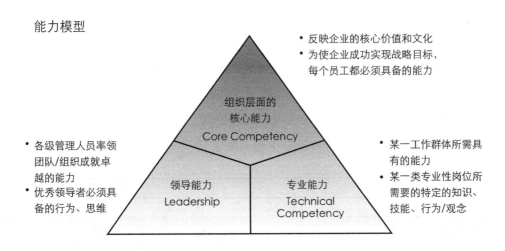

员工能力是由核心能力、领导能力、专业能力三部分综合构成的。核心能力反映了企业价值观，是所有员工都必须具备的，不同的是在各个岗位上的表现形式有差异，本书最后一章会谈到企业价值观。下面两张图是技术序列员工的专业能力和领导能力框架性示意，不同专业化发展导向的公司，面对不同的细分市场，处于不同的企业发展阶段，对能力要求不同，模型框架也不同。

专业能力模型

级别	技术职级	专业能力					
		专业技术知识	解决问题能力	计划能力	学习能力	专业综合能力	客户理解力
6	设计总监						
5	设计副总监						
4	主任设计师						
3	副主任设计师						
2	设计师						
1	助理设计师						

领导能力模型

领导力职级	技术职级	每个职级有用 6—8 个领导力 每个职级都有 3—5 个上一级和下一级相同的能力，分别用相同的颜色标注					
6	设计总监	组织能力	前瞻能力	管理多样团队的能力	培养下属	绩效管理	
5	设计副总监	绩效管理	团队建设	质量管理	流程管理	前瞻能力	组织能力
4	主任设计师	抗压能力	结果导向	关注焦点	团队建设	质量管理	流程管理	沟通能力
3	副主任设计师	行动导向	事业心	抗压能力	自我管理	结果导向	关注焦点	沟通能力
2	设计师							
1	助理设计师	工作与生活的平衡	持之以恒	时间管理	自我管理	行动导向	事业心	

对能力模型的每一项还需要做细化描述，下面以华为公司对研发人员素质模型中的"团队合作"能力为例，说明如何细化能力描述。

	评价等级				行为描述			
	0	1	2	3	0	1	2	3
团队合作	在工作中单独作业，不与他人沟通	愿意与他人合作，与群体中的其他成员共同交流，分享信息和知识	愿意帮助工作群体中的其他成员解决所遇见的问题，或无保留地将自己所掌握的技能传授给其他成员	主动与其他成员进行沟通，积极寻求并尊重他人对问题的看法和意见；或鼓励群体中的其他成员之间的合作或提高群体的合作气氛	在工作中单独作业，不与他人交换信息。也表现为不同部门的成员之间在产品开发和销售的环节中缺乏沟通	愿意与他人合作。与群体中的其他成员共同交流。分享获得的新信息和新知识。或者与其他成员交换想法和看法，以便对于问题取得共识	愿意帮助工作群体中的其他成员解决所遇见的问题。无保留地将自己所掌握的技能传授给其他成员	保持与其他成员的沟通，主动寻求并尊重他人对问题的看法和意见；或鼓励群体中的其他成员，从而进群体成员之间的合作或提高群体的合作气氛。这个水平表现为个人有意识地鼓励群体成员相互合作，使得每个人时刻感到群体的存在，从而促进团队精神

员工成长通道

前面说过人力资源管理的根本目的是支持公司发展和员工能力的提升，因此在设计公司里必须形成一个良好的员工成长通道。建立在能力模型基础上的职级体系能帮助员工认识并发展自己的特长，激发潜能，形成员工能力提升和职业发展的通道。在设计公司，有技术背景的员工可以有多种发展方向，下面列举了六种：大师、专才、通才、行家、参谋、管理者。

职业发展通道

序号	职级\方向	大师	专才	通才	行家	参谋	管理者
6	设计总监	↑		↑			↑
5	设计副总监						
4	主任						
3	副主任						
2	设计师						
1	助理设计师						

大师方向就是要在设计创意方面有所成就，最高成就就是"大师"，是极度稀缺的社会资源。真正的大师有异于常人的对文化、艺术、空间、色彩、材质的感知力，适合创办个人事务所或工作室等形式的产品型公司；专才是在某一专业领域研究得比较深，但是广度不够，专才方向的最高称谓是专家（不是砖家）。相对于大师的可遇不可求，成长为专家的成功率要高一些。通才的知识面具有一定广度，其重点是各竖向专业领域间的横向联系，与专才恰好互补。通才在设计公司适合担任项目经理等技术管理职务，协调组织各类专才、行家完成项目任务；行家就是在某个专项领域执行力最强的人。20世纪90年代初，我在深圳工作时，就听说在香港有年薪过百万的绘图员，比大多数设计师都高，他是个行家，不太会做设计，但他的绘图能力极强，速度很快。建筑师（大师或专才）勾出的设计草图，交给他，很快就能用手绘效果图、CAD等形式表现出来；参谋是具有发散性思维能力的人，能从不同的角度看问题，并提出有建设性的想法，但不善于或者不愿意拍板；设计公司的各级管理者需要具备一定的技术背景和功底，这个功底是帮助他有技术的理解力、洞察力，而不是要去做具体的技术工作。

不同发展方向，能力要求各异

方向\能力要求	专业能力	决策能力	执行能力	前瞻性	组织协调
大师	●	◐	◔	●	◔
通才	◐	◔	◐	◔	◐
专才	◕	◔	◐	◐	◐
行家	◔	◔	●	◐	◐
参谋	◐	◐	◔	◐	◐
管理者	◔	●	◐	◐	●

不同成长方向体现在能力模型的差异上，前面提到技术序列和管理序列的两种能力模型可以进一步细化，对应多种发展方向对能力的差异化要求，以支持员工成长。

在智力型企业工作的人，应该问自己一个问题：体现出什么价值，靠什么挣钱？

葛优在电影《天下无贼》中有一句经典台词："21世纪什么最贵？人才！"人才之上还有人物、人杰，之下有人手、人渣。人杰有智慧、有思想，人物有特殊专长，人才靠技能、经验吃饭，人手卖的是体力，人渣就不提了。

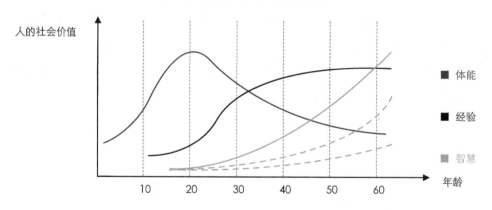

体能注定是一条开口向下的抛物线，二十多岁是一个人体能的最高值，之后逐渐下降，不同人的区别仅在于峰值的高低；经验值通常随年龄增长逐渐累积、上升，曲线的趋势是向上的，经验值与人的视野、高度、经历相关，但总有一定限制，因为一个人的时间总是有限的，不可能经历所有的事，所以在一个专业领域的聚焦有利于个人经验值达到更高，形成经验优势；智慧值则是一条因人而异的曲线，可上升，可下

降（甚至为负值，变得愚蠢），唯有智慧是可能超越时空的。上述三者的叠加形成一个人的社会价值。

建筑设计行业过去十几年的黄金增长期，给所有从业人员提供了大量机会，人物、人才、人手都能挣到钱，价值上没什么区别，似乎在伯仲之间。问题是，这样的情形还能持续多久？当行业趋于理性发展的时候，以体力、技能、经验、专长、智慧等不同方式体现价值的人所获得的回报自然会区分开来。但是，十几年的惯性思维使得很多人还停留在"画图挣钱"的认识层面，徘徊于人才和人手之间，不知道随着年龄的增长、经验的积累、体力的下降，体现自身价值的方式需要转型，应该更多地靠脑子挣钱。二三十岁的设计师可以熬夜画图，四五十岁的呢？

每个人都是不同的，需要找到适合自己的发展方向，把个人意愿、能力（或潜力）、外部需求三者结合起来，享受成长的乐趣。

个人意愿指的是在某个领域发展的强烈愿望。要想获得一定成就，就必须把所有精力聚焦在一个方向上（即便如此也未必能成功），分散精力是肯定没有希望的。没有强烈的意愿，就难以从工作中感受到乐趣，坚持不下去。带领日本国家队打进2002韩日世界杯十六强的主教练——"白巫师"特鲁西埃，现执教深圳红钻队，他对中国足球的感受之一是，中国球员不是像很多外国球员一样把足球作为一种信仰，踢球仅仅是为了挣钱吃饭。很多设计师不也是如此吗？市场经济条件下，外部需求就是指是否有人为你想干而且能干好的事买单。

意愿、能力、外部需求三者缺一不可。有意愿、有能力，但没有外部需求的典型案例是艺术大师梵高，生前穷困潦倒，死后流芳百世；有意愿、有外部需求，而能力不够的例子在设计界比比皆是，众多怀有大师梦的建筑师们终究成不了大师（人杰）。

绩效管理

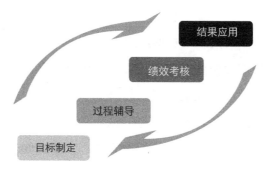

Do right thing right!

提到绩效,很多管理者会再加上"考核"二字,而不是管理。实际上,绩效管理包括目标制定、过程辅导、绩效考核、结果应用四个循环往复的步骤,绩效考核只是其中的一个环节。打个比方,大家都上过学,一开学发的教材是目标制定,确定这学期的绩效目标就是掌握教材中涉及的知识;一学期有四个多月,老师通过授课、练习、小测验等等手段进行绩效辅导,给学生以帮助;学期结束前的期末考试就是绩效考核;根据考试结果,班级、年级排名,考得好进快班,考得差进慢班,考大学更是如此,成绩好进一本大学,成绩一般进二本,考得不好上三本,这就是结果应用。四个步骤半年一个小循环,一学期结束,3年一个中循环(六个小循环组成),分别是初小、高小、初中、高中,12年一个大循环(4次中循环)后,高中毕业。如果一学期下来,老师既不发教材也不上课,学生们天天放羊,想干嘛就干嘛,学期结束时老师说要考试,而且要根据成绩高低决定学生能上什么大学,不就乱套了吗?

但是大部分公司的绩效管理基本上只有工作量考核,甚至还谈不上绩效考核。上级很少关心过下属的职业发展,没有年度职业规划,自然也就没有过程辅导,到年底算算账,做一次产值考核,决定发多少奖金,就完事了。

据说,管理大师彼得·德鲁克对管理的作用用一句话做了最精辟的概括:Do right thing right! 目标制定就是与员工探讨个人成长方向——right thing,为此应该培养哪些能力,做什么努力;绩效辅导是帮助员工认识过程中的正确行为和错误行为——do thing right,没有前面这两个步骤,考核与结果应用就失去了团队层面的意义,不仅个人没有目标,团队也同样没有目标。没有目标的一群人连团伙都算不上,更别提团队了。

第八章
Chapter 8

知识管理、财务管理、信息化平台

知识管理

1907年，清光绪三十三年，德商泰来洋行在兰州承建了黄河第一桥，承诺80年保证质量。1989年，泰来洋行的继承者在公司档案中发现了这座铁桥的资料，即致函兰州市政府，询问铁桥使用状况，申明当年的合同已到期。第二年的1990年，从德国来了一批工程技术人员，对铁桥作了全面体检，发现基本完好，适当加固后可继续使用。且不说铁桥的质量如此之好，与今日神州遍地豆腐渣工程有天壤之别，单说德国人历经80余载，期间经历两次世界大战，还有公司易手，他们怎么还能把档案保持得如此完整？不仅资料完整，还能据此持续为客户提供增值服务，令人惊叹不已。

还听说过另一个真实案例，一家有27年历史的德国小型公司，从事汽车变速箱检测业务，十几年前在中国的苏州建了分支机构。这家公司现在是全球最权威的变速箱检测机构，他们是凭什么做到这一点的？凭的就是他们把公司成立到今天，所有修理、检测过的变速箱参数全部完整地记录下来，成为全世界拥有变速箱相关技术数据最丰富的公司，这些数据变成知识，知识创造价值，成为企业的核心竞争力。

再说一个中国民营设计公司发生过的故事。10年前，这家公司承接了一栋多层标准厂房的建筑设计，设计完成后，桩基础打了，底板也浇了一半，业主突然下令工程停工，原因是他们发现城市规划可能要调整，该地块的用地性质有可能从工业用地改为办公，所以工程先停下来。业主是大型国企，操作此事成功的可能性较大，而且该付的设计费都按合同支付了。不过，这事还是拖了5年才办下来，业主继续委托这家设计公司进行办公楼设计，这应该是很好的事，一个项目收两遍设计费。但是，还没有动手设计,大麻烦就来了:五年前的图找不到了,电子文件、蓝图、底图都找不着了。搞设计的人都知道,桩打完了、底板浇了一半,重新设计必须参照以前的结构计算书,否则谁敢定案?没办法,厚着脸皮去找业主"您这儿有没有图纸?"业主说:"我们的经办人已经换了几茬,图纸也不知道放哪去了,再说,你们是设计院,好意思找我要图纸?"最后,把公司翻个底朝天,终于找到两张 A3 图,一张总平面,一张标准层平面。大家开会商量,想来想去,大着胆子干吧,毕竟原来是厂房,设计荷载大,写字楼荷载没那么高,估计问题不大,但是必须保持原来多层建筑形式。

类似事件在很多中国设计公司并不鲜见,只不过没有如此严重罢了。与前面那家德国公司相比,实在是相差 N 个档次。知识可以分为过程知识和成果知识,图纸属于成果知识,管理难度小于过程知识,即便如此,我们的管理也令人堪忧。

企业中与知识管理相关的问题大致有五种情形,第一种,有一个难题,大家都没碰到过,不知道如何解决。这是一个学习型组织如何通过研发或者其他方式获取新知识,不完全是知识管理问题;第二种,企业中有人解决过类似问题,但不知道是谁;第三种,我们知道张工能解决这个问题,但他现在不在。张工不在有两种可能,一是他出差了,等他回来再请教,还有一种可能性是他离职了,也就是说知识随着员工流动就消失了;第四种,张工说他忘了上次是如何解决这个问题的,这同样意味着知识的流失;第五种,张工说"我是解决过这个问题,也记得上次是怎么解决的,但我不想告诉你。"因为中国有句老话"教会了徒弟,饿死了师傅",他要是有这种心态的话,就不愿意分享知识。

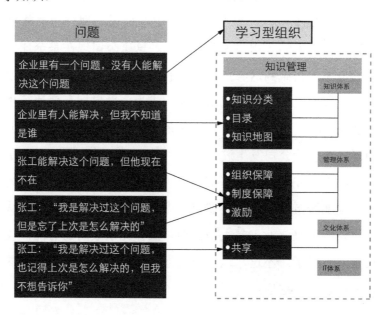

前面五种情况，涉及了知识管理的不同模块。知识管理包括知识体系、管理体系、文化体系、IT体系四个方面，分别关注知识、流程、人、技术。

第二和第三种情形是知识体系的问题，如果建立了合适的知识体系，能够把知识分类，建立目录和知识地图，就可以方便地查找到类似问题的历史解决方案和相关技术人员，即使人不在也不至于记忆全无。

第四种情况是如何建立有效的制度、流程的问题，让知识在过程中就保存记录下来。推进知识管理，不能停留在嘴上，或单纯靠员工自觉，需要有一定的组织保障、制度保障和激励机制，一开始大家都没有这样的习惯，需要有专人甚至专门的部门，通过一套行之有效的流程，强化员工的行为，逐步使之成为习惯。设专人或部门负责知识管理，不是由他（她）来收集、整理、上传资料，供大家利用，而是负责知识管理系统的有效运转。

建筑设计公司，知识管理的基础是项目管理。前面提到了WBS项目管理结构化流程，流程中的节点除了时间维度的意义外，还可能有质量、成本、品质、知识等维度的意义。实际上，项目目标中对上述各维度的要求就是通过检验各节点上的完成度来实施过程管理的。每个节点在知识管理上的要求不同，比如一个常规项目的专业互提资料节点，只需要把提资图存档即可（没有反复的话）；而一次艰苦的修改设计费谈判，就不能仅仅把补充协议存档，还要对谈判过程尽可能做详细记录；还有一些阶段性节点，应上传成套文件、总结报告。比如第五章项目管理的讨论案例中，谈到豪宅方案设计的步骤分解，各组都认为应有一个"调研"的步骤，如果我们能做到每个项目的"调研"工作完成后，都能把相关资料存档，那么新提拔的经验不足的项目经理，可以看到公司以前做豪宅类项目的调研有哪些成果文件、过程总结，就知道这次自己要做什么了。于是在甲方面前，这个项目经理会显得很专业、经验很丰富。第五章中提到的那家管理咨询公司，为强化员工养成知识积累的习惯，规定在必须上传文件的节点上，如果不上传的话，责任人的工资停发、暂停报销，同时IT后台不断提示，如果屡教不改，管运营的老总就会来找你的。系统刚开始实施时，大家不习惯有抵触情绪，两三个月后，习惯成自然，没什么牢骚了；更重要的是，随着知识库的丰富，员工尝到了甜头，越来越离不开这样的信息平台了。

第五种情况是如何形成共享的价值观体系的问题。那家咨询公司除了采取前面说的强制性措施，每年还对知识管理有突出贡献的员工予以重奖，其中一个办法是：知识库中被点击阅读次数最高的文档撰稿人，年底会获得知识贡献奖。除了物质奖励，还有荣誉性奖励、更多的晋升机会等等。另外，在理念上，要让员工认识到，分享得越多，提高得越快。不知道大家有没有这样的体会，当你要写篇文章，把经验、知识总结提炼的时候，实际上是把自己脑子里积累的知识整理一遍，给了自己一次提升的机会，对自身帮助更大。越是高级技术人员，越应该多做知识的整理、研究、提升，做这些事情不仅仅是为了帮助年轻人，更是为了自己，而且年轻人能把技术含量不高的事务性工作承担起来后，你可以有更多的时间去研究，做高附加值工作，促成良性循环。现在有不少所谓"高级"技术人员，说白了，只是熟练技工而已，真正的高级技术人员是靠智力工作、挣钱的，而不仅是靠画图画得快挣钱。被分享的知识越多，说明你拥有的智力价值越高。所谓"教会了徒弟，饿死了师傅"，是用静态的视角看待动态的技术发展，没有前途。

不言而喻，IT 体系是信息化时代知识管理系统的必要手段。

有效的知识管理平台还可以成为甲乙双方沟通协作的渠道之一。我在 CCDI 总部工作期间，曾与一家管理咨询公司有过项目合作，我担任甲方项目总监，乙方向我开放了他们的知识管理平台（有一定的权限级别），通过这个平台，我可以知晓这个项目的即时进展，还可以了解、学习很多案例，加深双方对项目目标、方法的共识。还有，据云南省建筑设计院李光熙院长介绍，他们的信息系统也可以在一定程度上实现项目信息与甲方的交互，甚至因此获得甲方信任，拿到项目。前面谈到 WBS 项目管理流程中，需要把甲乙双方的交互活动策划进来，可以通过这样的线上管理手段，把甲乙双方的交互知识放在项目共享平台上，以利工作协调。

财务管理

设计公司的中高层管理者，不论是做技术工作还是做管理工作，都需要或多或少了解一些财务知识。

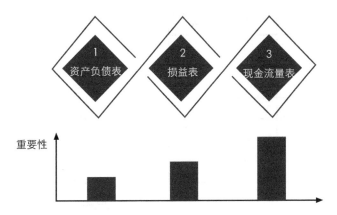

财务管理经常提到三张表——资产负债表、损益表、现金流量表。对于轻资产的设计公司来说，最重要的是现金流量表，这不仅是因为现金流量的重要性，而且更重要的是设计公司的资产没有负债能力，导致资产负债表几乎没有任何意义。资产型公司如果一时没有营业收入，可以拿实物资产到银行去抵押贷款，以补充现金流入。而设计公司的资产基本都是无形资产，实物资产是极少的。有的设计公司老总和我谈到把公司利润用于买房，这样既可以享受到物业增值，也可以适当降低现金流风险。我觉得，这是两件事，智力型企业的本质和魅力恰恰就在于轻资产，不能将房产增值与企业是否盈利混为一谈，买房是投资行为，是否增值与设计公司的盈利能力无关。有些投行之所以愿意给设计公司这样的轻资产公司注资，就是看中了智力型企业的轻资产特征，净资产收益率（ROE）高。

这些年设计行业发展速度很快，每家公司似乎都在挣钱，几乎没听说过设计公司因为现金流问题而关门的。但实际上设计公司的现金流是绷得很紧的，特别是增长速度越快的公司，现金流越是紧张。不少老总告诉我，从利润角度而言，一百多人规模的时候是最赚钱的，之后的增长更多地体现在营业额和公司无形资产价值上，利润增长速度下降了，换句话说，利润率随着规模增长逐步下降。

第八章 | 知识管理、财务管理、信息化平台

月份	产值	支出	现金流入
1	5	5	0
2	10	7	0
3	10	8	0
4	50	35	5
5	50	35	20
6	50	35	100
7	60	40	0
8	70	50	0
9	70	50	150
10	110	80	0
11	120	80	0
12	120	85	200
共计	725	510	475

1月：初次接触，5万，1个月

2月：投标，20万，2个月

4月：项目1000万，方案3个月、初设3个月、施工图5个月……

合同：
- 定金：10%，100万
- 方案：15%，150万
- 初设：20%，200万
- 施工图：40%，400万
- 施配：15%，150万

产值：
- 方案：15%，150万
- 初设：20%，200万
- 施工图：50%，500万
- 施配：15%，150万

我们通过一个模拟的项目现金流案例，来看看设计公司的财务状况。假设一月份开始初次接触到一个甲方，甲方感觉我们的实力还不错，正好有一个项目已经做完了设计，在施工过程中，觉得外立面做得不是很好，希望我们用一个月时间做一个外立面的修改方案，费用5万元。我们了解到甲方实力很强，信誉也不错，值得长期合作，因此，投入最好的设计师，多做些效果图、模型，按时完成设计。一个月下来，产值5万，支出也是5万。

这事之后，甲方对我们的设计和服务比较满意，于是邀请我们参加另外一个二月份开始的、为期两个月的方案设计投标项目，投标保底费20万。两个月下来，产值20万，每月10万，支出15万，分别是7万和8万。

投标方案做得很好，甲方充分认可了我们的设计能力，但是由于这个项目已经有一家设计公司跟踪很久了，所以决定给他们做。从第二季度开始，甲方直接委托一个设计费总额1000万的项目给我们，这相当于上次的投标中标了，只不过换了个项目而已。设计周期是这样的：方案三个月，初设三个月，施工图五个月，很合理。合同付款方式是：定金10%，方案设计完成15%，初设设计完成20%，施工图设计完成40%，施工配合完成之后15%，这也是很合理的。各设计阶段经营产值计算比例如下：方案15%，初设20%，施工图50%，施工配合15%。

合同执行过程中一切顺利，方案、初设均在二、三季度顺利完成，四季度完成施工图阶段70%工作量，即350万经营产值。另外，假定设计公司的成本费用率是

70%，该项目每个月的产值和支出如表中所列。收入方面，甲方自四月份开始，分别支付了 5 万元的外立面设计费、20 万元的投标保底费、100 万的定金、150 万的方案设计费、200 万的初设设计费。

应该说，这是一个很好的甲方，我们的营销、设计、运营各环节均无可挑剔，合同执行过程中也没有种种原因带来的设计返工，但即便如此，年底汇总的结果显示这个项目的净现金流是负 30 万。之所以能维持这个项目现金流的正常运转，是因为有其他项目正的净现金流补贴。从数据上可以看出，这个项目今年产生了 245 万的库存，明年库存将转化为收入，实现正的净现金流，可以补贴别的项目，别的项目又开始走这样的一个循环了。所以公司如果发展速度过快，原来的库存不足以支撑扩张所需要的现金流时，往往财务上处于非常紧迫的状况，甚至要股东垫钱才能满足企业合理的现金流需求。"不当家，不知柴米贵"，企业不增长怕落伍，快速增长现金流又会吃紧，把握这个度并不容易，所以老总们的日子不好过。

前面在第六章运营数据系统里谈到理论产能，那么公司的月产能如何计算的？

技术职级	人数	总工时	利用率（%）	每小时收费（元）	理论产能（万元）
八	0	0	15	1800	0
七	2	3840	25	1200	115.2
六	5	9600	40	800	307.2
五	12	23040	60	500	691.2
四	30	57600	80	300	1382.4
三	40	76800	100	180	1382.4
二	5	9600	100	100	96
一	0	0	100	50	0
总计	94	180480	——	——	3974.4
假定每年 240 天，每天 8 小时					

假设一家一百多人的公司，拥有 94 名一线技术员工，员工职级分布如表中所列，按照每年 240 天，每天 8 个小时计算，总工时有 180480 个工时。利用率是员工用于计算收费的工作时间与其正常工时的比值，与常规理解不同，越高职级的员工利用率应该越低，越低职级的员工利用率应该越高。这不是说高级员工不干活，而是他们要把一些时间分配到研发、市场、管理上，直接用于项目的时间反而较少。比如，深圳大学博导、CCDI 的结构大师傅学怡，直接用于项目的工作时间大概不到 10%，大部分时间在做技术研究、到世界各地讲学、主持一些重大工程的结构评审、参与结构规范编制等等，这些活动对提升 CCDI 和他本人的技术影响力至关重要。在不足 10% 的内部工作时间里，傅总经常是到一个地方，就像老中医坐诊似的，在会议室一坐，有

第八章 | 知识管理、财务管理、信息化平台

结构问题请教的各项目组做好准备、排好时间,他几十分钟看一个,指导一下关键技术难题。也有个别项目他认为有极高的技术挑战性,是支点项目或者对技术研发、进步有特殊价值,傅总会亲自担任结构专业负责人的角色。

低职级员工应该把尽可能多的时间用到项目中去,只有在实践中泡的时间足够长、有了阅历,才会有发展研发、管理能力的基础。

据说十几年前,华为公司有两位新员工分别给总裁任正非写了封"万言书",一份是关于公司经营战略问题,另一份是关于作者所在部门的具体问题和解决建议。对前者,任正非批复:"此人如果有精神病,建议送医院治疗;如果没病,建议辞退。"而后者被任正非以"一个会思考并热爱华为的人"为由,直接提升成为部门副部长。区别对待的原因是"小改进,大奖励;大建议,只鼓励"。

每小时收费不是员工的时薪,而是市场认可的公司资源价值反映,每小时收费越高,资源价值就越高。很多设计公司提高营业额的手段是提高利用率,特别是高级员工的利用率,8小时忙不过来就加班熬夜,而不是设法提高每小时收费额。在第四章中,曾经提到我作为ADU的首席顾问,通过研发和市场影响力,将为期两天的战略研讨会价格提高到4年前的3倍,提高的是收费标准,而不是利用率,同时也为客户带来更高的价值。

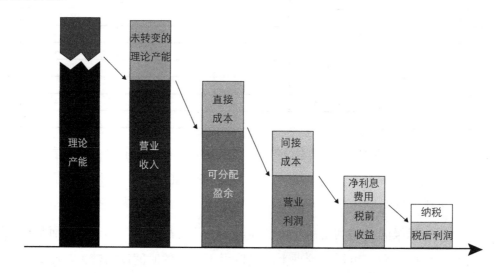

理论产能转化为利润有五个步骤,各部门在转化过程中起到不同程度的作用,反映在转化率上。第一步中"未转变的理论产能"主要受营销能力以及运营管理能力影响,第二步中"直接成本"受项目管理和运营管理能力制约,第三步中"间接成本"反映的是公司行政管理水平,第四和第五步体现的是财务管理能力。

很多设计公司的财务还处于很初级的阶段，类似于"账房"，有个银行账户，收钱、花钱都通过这个账户，年底账上剩下的钱就是利润，至于哪些项目挣了钱、挣了多少、在哪个设计阶段利润更高，以及哪些项目赔了钱都一概不知。公司规模小，这样的财务水平倒也能维持，但要更大规模发展，必须有正规的财务管理支持。从记账式财务过渡到财务管理不单是财务部门自己的事，需要多部门协作，所以要有一个过程，逐步发展，不能急于求成。

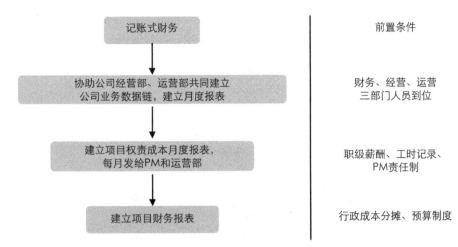

在财务管理和运营数据管理的关系上，有两种观点，一种是财务为主、运营辅之，另一种相反。我的观点是，一般非上市传统设计公司，应以运营口的数据管理为主，财务为辅；上市或拟上市的工程公司必须以财务口的数据为中心建立量化管理体系。不论哪种方式，财务和运营之间都必须有一个数据接口。

信息化平台

从本质上说，信息化管理是一种手段，一种工具，并不是靠推行管理信息化就能实现公司管理转型的。中国企业实施信息化管理（如 ERP、MIS 系统等等）的成功率低于国外公司，是因为在没有 IT 的时代，外企的管理已经比较成熟有效，信息化使管理更加高效便捷。管理是一种思维方式，只有思维方式正确，IT 才能帮助企业将管理措施落实得更加扎实、快捷，不能指望在管理思维错误的前提下，通过管理信息化手段就能得到正确的结果。甚至有的公司本来运作还凑合，上了 IT 反而乱套了，因为原来的运作方式本身有问题，没有 IT 手段时，一件事可能要两个月之后才有反馈，各部门通过 60 天的时间磨合，逐渐消化其中的矛盾，最终结果还可以接受；现在上了 IT 系统，问题瞬间就暴露出来了，没有时间去消化磨合，反而没办法解决了。所以有的时候，信息化会让本来不是问题的变成了问题。

设计公司信息化建设中最常见的问题是：

1. 缺乏整体规划，想到哪就干到哪，头痛医头，脚痛医脚；
2. 认为信息化系统是灵丹妙药，能解决一切管理问题；
3. 快速上线大量孤立的小系统，系统集成成本巨大；
4. 信息化系统定位有误，认为是解决操作层面的事，忽视管理层面的事；
5. 认为信息化建设是信息部的事，与一线业务部门关系不大；
6. 业务流程尚未成型或前瞻性不够，匆忙上线信息化系统，导致大量返工，甚至不得不推倒重来。

推进信息化平台建设，首先搞清楚企业信息化的需求是什么？变革的管理思维是什么？然后再分步骤、结合现状、有适度前瞻性地推进。所以，一个公司 CIO（首席信息官）最重要的能力是深刻理解企业战略、管理模式，并准确"翻译"成 IT 需求报告，而不是他个人的信息技术水平，这两部分的权重可能是六四开吧。就像一位合格的房地产公司设计总监，最重要的能力是将公司盈利需要准确表达为设计任务书，再找到合适的设计公司去做设计，而不是自己的设计水平要有多高。

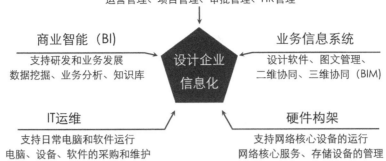

设计公司信息化平台建设涉及五个方面：管理信息系统、协同设计、硬件架构、IT 的运营维护以及未来可能的商业智能。那家德国的汽车变速箱检测公司就是利用多年的数据开发出商业智能。

硬件系统和日常运维主要是信息管理部门的内部事务，大部分员工在工作中使用的是管理信息平台（系统）和业务信息平台（系统），两者之间如何实现数据交互是设计公司信息化平台建设的关键所在。

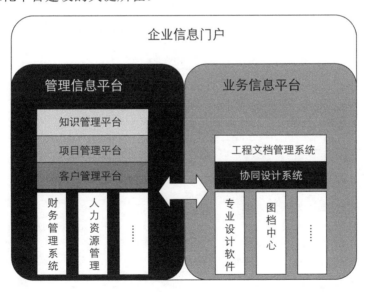

信息化平台的各管理模块，如工时系统、人力资源系统、办公平台系统（OA）、财务报销系统、客户管理系统（CRM）、知识管理系统（KM）、协同设计软件、文档管理等等，在市场上都可以采购到成熟软件，但由于它们之间的数据库结构不尽相同，所以相容性有问题，二次开发的工作量很大，甚至有的设计公司因为管理思维的

差异太大,不得不自主研发信息系统。

  总体而言,目前中国设计公司的信息化管理水平,特别是民营设计公司信息化管理水平处于比较低的状态,投入不足是现阶段的主要问题。世界500强企业每年在IT上的投入占营业额的比例普遍在5%—8%,而中国设计公司估计都在2%以下,一个年营业额5000万的公司,在IT上最多花100万,有一两个网管,只能满足基本设备(服务器、电脑、软件、复印机、打印机、网络等)的采购、维护、更新,谈不上什么信息化建设。不过,差距越大,机会越多,在管理信息化建设上率先突破的公司将在竞争中获得先发优势。

第九章
Chapter 9

企业文化（使命、愿景、价值观）

谈到企业文化，很多人认为看不见摸不着，太虚，那些挂在墙上的标语、口号不过是摆设而已，既记不住，也做不到。实际上，文化无处不在，每一个人、每一个组织的选择都是由文化决定的，所谓"太虚"同样反映了一种价值取向。

企业作为一种组织形式，其文化构成主要有三部分：使命、愿景、价值观。

使命

使命是组织的主要思想和意图，设立的目的是为组织和伙伴提供明确的发展方向。领导者和老板、员工和打工者之间的区别在哪里？老板和打工者存在于组织中的目的就是赚钱，领导者和员工不仅赚钱，更重要的是有使命感。我们到底是干什么的？为什么是我们这样的组织存在而不是别的组织？在这个组织中工作到底有什么样的理由？

惠普公司的创始人帕卡德在创办 HP 时对员工这样说：我首先谈一下公司为什么存在。也就是说，我们为什么要办公司呢？我想许多人错误地认为，办公司就是为了赚钱。虽然赚钱是公司的重要成果之一，但是我们必须进行更深一步的研究，找出公司存在的真正原因。通过对这个问题的研究，我们必须会得出如下的结论，即一批人走到一起来，并以我们所说的公司的形式存在，以便能够集体地成就一番单靠个人力量不能成就的事业，即为社会作一点贡献。

使命对企业有重要意义，是企业决策的基础和背景，是凝聚大家在一起合作的焦点，是激励我们走向成功的动力，是员工的信念以及向心力，是所有人步调一致的保障。

第九章 | 企业文化（使命、愿景、价值观）

因此，确定企业使命的过程本身就反映了文化方式是独裁式的还是民主式的，抑或是介于其间的。

企业使命的最终文字表述虽然只有短短的十几个字，但要回答三个重要问题：WHY，为什么做？说明企业存在的道理；WHOM，为谁做？揭示企业根本的指导思想；WHAT，做什么？勾勒出公司的业务范围。

我们看看一些著名企业的使命表述。惠普公司的使命：创造信息产品，以便加速人类知识进步并且从本质上改变个人和组织的效能。这句话说明惠普公司是做信息产品的，回答了WHAT；是为个人、组织、人类创造信息产品，回答了WHOM；为什么要做这些事呢？是因为惠普公司认为人类知识的进步不够快，需要加速，这样才能从本质上改变效能，这就是WHY。顺便说一句，据说惠普公司为得出这三十多个字的企业使命，在20世纪90年代初花了400万美元求助于咨询公司。

微软公司的使命：致力于提供使工作、学习、生活更加方便、丰富的个人电脑软件。这句话表明微软公司是做软件的，而不是硬件，这是WHAT。相信在微软创立的20世纪70年代，比尔·盖茨面临做硬件赚钱的诱惑，但是企业使命否定了微软公司涉足硬件的可能性，除非更改使命或者不把使命当回事，这是WHAT；那么它为谁做呢？为每一个人，因为微软提供的是个人电脑软件，这是WHOM；为什么要做这件事呢？因为微软公司认为个人电脑软件的现状导致每个人的工作、学习、生活不够丰富、不够方便，所以微软的软件必须让使用者觉得丰富、便捷，这就是WHY。

迪斯尼公司的使命：让人们过得快活。表述最简洁，只有七个字，因为字数太少，所以我们看不出它是干什么的（WHAT），但是知道它为人们做（WHOM）；原因是人们不够快活，迪斯尼公司的存在就是要让人们更快活（WHY）。

这些公司的使命都对它们的企业行为起到了重要的指引作用，所以不论是我们看见、听见，甚至想到迪斯尼的产品时，都会感觉挺好玩，它不会做让你不快活的事情，虽然你需要花钱才能享受到迪斯尼的产品，但你是心甘情愿的，而不是怨声载道。

中国国家电网公司的企业使命是四个服务：服务党和国家的工作大局、服务电力企业、服务发电企业、服务社会发展。从这四个服务的口号中，我们不知道它具体是干什么的，估计大概和电力行业相关；至于WHOM，很清楚，党、国家、电力企业、发电企业、社会，重要程度逐次降低；四个服务没有回答WHY的问题，但实际上它说了大实话，就是这样的公司是没脑子的公司，也根本不需要有脑子，只需要有四肢就可以了，就是执行，这还是一个企业吗？还是一个独立的组织吗？我看最多可以算一个事业部的使命。

　　上面提到的这四家公司都很大，似乎与以中小型企业为主的设计行业距离太远，使命对我们有那么重要吗？下面再举一个例子："用最快的速度，走最经济的路线，在一路友好的氛围中平安地将顾客送达目的地。"这是一个纽约出租车司机的使命。有一天，哈佛大学的一位管理学教授在纽约机场下机后，乘上了一辆出租车，教授感觉这辆出租车跟别的不一样，于是他就和司机聊天。司机告诉他"我是有使命的"（就是上面的那句话），为了完成这个使命，司机采取了七个措施：

　　1. 提出最佳路线的建议，由客户决定；

　　2. 为乘客准备饮料，包括热咖啡、可乐、矿泉水、橘子汁等。这几乎是绝无仅有的；

　　3. 为乘客提供等红灯停车时的阅读资料：《华尔街日报》、《体育画报》、《今日美国》等。中国的出租车上似乎只有广告；

　　4. 为乘客准备了电台的节目表。一般的出租车司机，除非乘客要求听哪个台，要不然他开着收音机肯定是听自己爱听的台，不会考虑乘客需求；

　　5. 导游服务，由顾客决定是否需要。

　　6. 空调的温度由顾客决定。不知道大家有没有过坐出租车下来感冒的经历，我在北京就有过一次，那次天气还不是很热，但因为办事忙得汗流浃背，可一上出租车就像进了冰窟似的，空调温度非常低，我正准备说能不能把温度调高一点，一看那个司机满头大汗，是个大胖子，而且前排位子太阳照得多一些，所以他开着空调还满头大汗，我就不好意思说了，结果20分钟后下车就感冒了。

　　7. 保持车辆整洁，安全驾驶。在美国，因为人工费很高，所以很多美国人要么不洗车，要么偶尔自己动手洗一下，当然那里空气好，车子不容易脏，但出租车天天跑，保持车辆整洁也不是件很容易的事。

　　司机做的这些事，都是源于使命，特别是为了营造友好的氛围，他下了很大工夫，这就是为什么这位哈佛教授一上车就感觉跟别的车不一样的道理。这么做的结果是：从来不空车，几乎都是通过老客户打电话或者发短信预约的，有时实在忙不过来，他就推荐其他服务周到的同行并收取中介费，第一年营业额翻了一番，第二年还在持续增加。

　　我的一位朋友给我补充了一个他亲身经历的故事，在上海，也是关于一个出租车司机。有一天，我的朋友从上海的徐家汇一栋5A级写字楼出来，看见一辆出租车停在路边，非常干净整洁，他就走过去，还没有走到车边的时候，司机下了车，帮他打开车门,请他上车,司机带着白手套,很职业的范儿。我这个朋友是搞管理咨询的,他感觉很奇怪,坐过无数次出租车,还没有碰到过司机下来给乘客开车门的。上车后他发现车上有矿泉水,也有电台节目表,于是他就跟司机聊天,问他怎么跟别的出租车不一样呢?

司机谈吐彬彬有礼,告诉我的朋友:"老板,你今天好彩。我几乎从来不空车。我今天是碰巧停在这,正好给你赶上了。"

"那你是怎么做生意的?"

"我的生意全部是老客户,都是打电话、发短信、发 email 跟我联系的。"

"你开车怎么联系客户?"

"我太太在家,配着电话、传真、电脑,专门负责联系客户,安排调度的事,把我每天的行程全部安排好。"

"这么多的客户你是怎么得到的?"

"比如你今天坐了一趟我的车,一定给你留下了深刻印象,下回如果你需要预约出租车时,你肯定会想起我,万一我没空你再找别人,是不是?"

"那倒是,你的服务好,和别人不一样。"

"我每次都让客户感到满意,渐渐地客户所在的公司也成为我的客户,几乎都是在上海甲级写字楼聚集区的大公司,常去的几个地方就是机场、写字楼、苏州、无锡,很多外企总部在上海,工厂在苏州、无锡,他们经常要来回跑。跑长途很合算,而且安排好的话,来回都不空车。"

"那你忙得过来吗?"

"客户越来越多,就忙不过来了,后来我就逐步发展下线,现在有 10 个徒弟,不再发展了,11 个人都是由我太太在家里调度安排的。"

"效益如何?"

"呵呵,不瞒你说,比一般的出租车司机高得多,一个月开车收入 2 万,实际收入 4 万。"

"嗯?这是什么意思?"

"徒弟们每人上交收入的 10% 给我太太,十个 2 千又是 2 万。"

"那你为什么只带 10 个徒弟,不再发展了呢?"

"我算过,我这种方法,只需要 11 个人,人多了工作量不饱满,价格就会下降。"

用市场营销的话说,就是要让市场保持适度的饥饿感,不要供过于求。后来,司机的儿子大学毕业了，他建议儿子开个物流公司，因为客户对他非常信任，可以借助现有的客户群，顺带把物流的事也做了。

一个人带着使命感去做事的时候，顺带着把钱挣了，这是一种最佳状态，企业也应该是这样。我们见到太多的人一门心思想挣钱，结果竹篮打水一场空，什么都没挣着；而有些人认认真真想把事情做好，同时也挣到了钱，这样的例子在我们身边是存在的，但总是被选择性忽略，而将其成功归结于运气好、关系硬等外在因素。很多时候只要稍有一点长远眼光，不要太多，只要稍有一点，也许就能够收获更多。虽然现实有时候过于残酷，不过我们总应该相信一点，如果一个人踏踏实实想完成一个合理的好的使命，并且为此辛勤工作，天道酬勤，他应该获得合理回报。如果他不能获得合理回报，那就意味着政治、经济、社会有问题，这时，即便依靠投机钻营暂时挣点钱也没什么意义，不会有成就感，甚至连安全感都没有，倾巢之下焉有完卵。

下面的案例分析是我在一家设计公司的管理研讨会上，组织的关于企业使命的讨论，历时40分钟。

讨论题：依你对公司未来发展的理解，通过小组讨论，描述企业使命。

讨论时间：20分钟。

第一组：为人们的舒适生活环境提供专业化的设计咨询服务。

点评：WHY、WHOM、WHAT三个问题回答得很清楚。结合前面谈到的五种设计公司的专业化发展导向，可以大致看出这是一个生产型公司的使命，不会做产业链纵向扩展，但会在设计环节上做横向发展。从市场角度看，这家公司未来的经营地域没有限制，可以是全球性的，这个使命确定下来后，也许30年、50年都实现不了，但始终抱有这样一个梦想。还有很重要的一点，"舒适生活环境"要进一步说透，一般理解舒适是一种中间状态，既不是奢华，也不是简陋，不同经济条件、时代背景和地域差异下，对舒适的定义不同，这就是我们持续研发的主要方向，要具体到技术体系、材料体系，让客户、员工都知道这一点。

使命指导企业行为，所以与我们所定义的舒适生活环境相背离的项目不能接。给大家出个问题：豪宅设计能不能做？这还是取决于我们对"舒适"的定义，舒适是一种感觉，如果从全社会适中性、均等性角度看，舒适生活环境可能对应的是中产阶层的需求；如果是根据社会各阶层实际存在的经济条件差异，适度满足不同层次对生活环境的需求，同时保证最低层次的尊严，那么豪宅可以被视为富裕阶层的舒适生活环境，经济适用房是普通阶层的舒适生活环境。总之，要形成公司统一的判断标准。

第二组：通过提供专业化的设计服务来达到使员工、客户、企业价值提升。

点评：WHY、WHOM、WHAT 基本清晰。这一组的 WHOM 与上一组不同，上一组的 WHOM 是"人们"，这一组是"员工、客户、企业"，我想说两点，第一，客户指的是买单的人，很多时候是开发商（建设单位），人们指的是终端消费者。哪个更大气？终端消费者。某种程度上，我们为终端消费者考虑的要比为买单的客户考虑的更加细致，必须更认真地做事，更有社会责任和历史责任感。英特尔公司（INTEL）是全球最大的芯片制造商，我们用的电子设备，特别是电脑，很多采用的是英特尔的部件，它面对的直接客户也不是终端消费者。2006 年 1 月 4 日，英特尔发布了全新品牌标识，其中包括一句宣传标语："Intel. Leap ahead（超越未来）"，英特尔公司对这四个字的具体解释是：将推进技术更迅速、更智能、更经济地向前发展，同时最终用户能够以前所未有的精彩方式应用技术成果，从而令其生活变得更惬意、更多彩、更便捷。

第二，要做到客户、员工、企业三方面价值的共同提升是非常困难的，一旦写进企业使命里，在每件事的决策过程中，都要想想是否能达到三方共赢，很多时候是一方赢、两方受损，或者两方赢、一方受损，这样的事能不能做？当然，有时长期与短期利益之间是有冲突的，有考虑不周的情况，但至少不能主观上有损害一方利益的意图。能否做到这一点，就意味着贴在墙上的口号是不是摆设，员工是否能信任公司。2004 年，我在 CCDI 上海公司的时候，干过这么件事，那时上海公司刚成立一年多，好不容易经过投标接到一个规划项目，甲方是一个上海的地方大型国企，设计费给的也挺合适。设计过程中前期进展顺利，合作得挺愉快，中间开始出问题了，原因是甲方的国企性质导致各利益相关方在博弈过程中摆不平，于是就不断折腾设计师，大家被折腾得筋疲力尽，没有人愿意再干这个活了。我作为当时上海公司总经理，就产生了一个想法——终止合同，以乙方身份提出终止设计合同。显然，再继续下去，对员工价值是有损害的，对客户也谈不上价值提升，对企业来说看似短期会有一些经济上的损失，但坚持下去机会成本可能很高，三方都没什么好处。于是，我征询项目经理（兼主创规划师）的意见，"咱们把这个项目停止了怎么样？"他说："我从业这么多年还没碰到过这事，真把它停了？"我问："你还想继续干吗？"他说："不想干"，我说:"那就停了。"虽然当时也没想过什么企业文化,但道理就是你们写的这句话。然后我就和甲方协商终止合同,甲方的设计总监原来也是在设计院工作过的,他说,"我干了这么多年,从来没见过乙方炒掉甲方的。"最后,经过友好协商合同终止了,经过工作量计算,我们要退给甲方设计费大概十几万元。事后那位设计总监告诉我,从来没见过回头钱。这件事之后,员工对公司的信任度提高了。这样的事不是天天做,只要有那么一两次,企业的使命感、信念就树立起来了。

第三组:WHY——为了提升社会生活品质,WHOM——为房地产发展商和有建设需求的部门,WHAT——提供有价值的专业化服务。

点评:这个小组直接回答了三个问题,有时间的话可以请语言功底好的把这三点连成一句话为好。与前两个小组不同的是,这组没有提设计,而是"有价值的专业化服务",这就意味着将来有可能提供更多元化的专业服务,甚至变成一个开展代建业务的开发商,服务于投资商,也就是存在转型为产业型公司的可能,而前面两个小组是排斥这种可能性的。

第四组:通过专业化设计(产品)使顾客、企业(知名度)及个人均得到价值提升。

点评:这个组与第二组写得很像。我补充谈两点,第一,价值的具体含义是什么?不同人的价值观有差异,对同一件事的价值评判是不一样的,企业使命中如果出现这种容易产生歧义的词语,还需要进一步解释含义。有关"价值"二字的解释应该与后面将谈到的企业价值观相一致。第二,我不建议在回答WHOM的时候把客户、企业、员工作为口号提出来,企业使命应该更加具有社会化含义,应该贴近于满足终端消费者的需要,在这个层面上才能产生长久的动力。大家为什么想把客户、企业、员工,特别是员工写上去,原因是感觉员工价值没有得到应有的保障,缺什么才会写什么。我们担心公司发展了,老板、客户都有收益,没员工什么事,大家被忽悠怕了,国家这么多年是忽悠过来的,公司可能这么多年也是忽悠过来的,功利主义的社会文化使我们总担心,是不是又在拿使命忽悠我们呢?其实企业在为使命而发展的过程中,如果员工不能得到合理回报的话,连团队都凝聚不起来,目标怎么可能实现?哪里还谈得上提升社会生活品质?当我们以开放的心态去想这些问题的时候,眼光可以放得远一点,不用担心能否得到合理回报。不用担心不是说不需要合理回报,而只是不必担心。公司究竟是怎么做的,大家每天都能感觉出来,如果员工都认为口号仅是贴在墙上而已，写上的"员工"二字又有什么用呢？

在双因子理论中，使命应该给团队带来的是激励因子，而不是保障因子，如果一个企业的使命表述中有属于保障性的要素，说明这个企业的问题颇多。

愿景

使命指明了方向，那么企业要达到什么样的状态才符合这种方向呢？所以，我们要确定愿景，愿景是我们希望看到的一种景象，是实现了所定下的使命之后的那幅激动人心的、无比美好的未来远景。设立愿景的目的是鼓舞团队把愿景变为现实。相对于使命，愿景描述更加清晰、明确。

先看看一些著名企业的愿景表述。微软公司的愿景：计算机进入家庭，放在每一张桌子上，使用微软的软件。要实现这样的愿景，微软公司就要和硬件公司紧密合作，否则计算机就不能进入家庭，放在每一张桌子上。那么，微软的愿景实现了吗？差不多吧，基本上大家都会用微软软件，不论是正版的还是盗版的。

迪斯尼公司的愿景：成为全球的超级娱乐公司。在使命中，我们不知道迪斯尼是干什么的，现在知道了，是娱乐业。这个愿景实现了吗？实现了，迪斯尼已经是公认的全球超级娱乐公司之一。

万科的愿景：成为中国房地产行业领跑者。这个愿景也实现了，连续几年万科的销售业绩都是全国第一。实际上，在它的销量还不是第一的时候，业内已经认为它是领跑者了，因为万科的很多思想、做法都被同行学习、效仿。所谓领跑，可能最重要的不是业绩，而是思维、想法、体系。2011年，世界500强企业中，有38家中国央企和6家地方国企，就业绩而言，这些企业在国内的各行业中都属于佼佼者，但有几家公司被认为是行业领跑者呢？

我们发现一个有意思的现象，愿景实现与否是由企业以外的人说了算。我们不是微软的员工，不是迪斯尼的员工，也不是万科的员工，但是我们都有能力来判断。虽然愿景是公司内部写下来的，但评判要由外部人士（使命中的WHOM）来做，外部人士说你实现了，那你就实现了，说你没实现，就没实现，这样才算数。不能自说自话地设定一个愿景，过些年自己就说愿景实现了，那是骗人，是忽悠。英国作家乔治·奥威尔在其1949年出版的《1984》中，揭示了极权主义社会下统治集团如何把自圆其说发挥到极致，导致民众和国家的灾难。

2004年春天，CCDI在深圳召开过一次集团研讨会，为期三天，每天上午十点开到晚上十点，与会人员是北京、上海、深圳三地的高层技术和管理人员，共三十多人。会议的议题之一是讨论确定公司愿景，大家七嘴八舌吵得不亦乐乎，最后决定模仿万科的愿景，战战兢兢地提出以"成为中国设计行业的领跑者"作为CCDI的愿景。

为什么是战战兢兢的呢？因为那时CCDI大概有四百多人，在中国算不上是有实力的设计公司，上海的华东院、民用院、同济院，北京的部院、北京院，深圳的设计总院等等企业都比CCDI大得多，技术力量也强得多，国企还能得到政府的各种显性和隐形支持，还有那些知名的外企，技术上要高很多。2004年时CCDI成立不过短短十年，敢喊出这样的口号要有多大的胆，能不能实现是一回事，不怕同行们把你笑话死？大家想了很多，后来豁出去了，就这么写了，把这句话写在公司网站中、印在公司的宣传册上，员工手册上也有这句话。现在八年过去了，物是人非，八年前的三十多位与会者中，大概有三分之一（包括我在内）先后离开了CCDI。不管有多少人相信这句话，反正我是信了。ADU"促进设计行业管理进步"的使命也是这句话的延续。现在CCDI的这个愿景实现了没有？应该还没有，但是它在那个方向上向前迈了一大步，不论对其做法是褒还是贬，CCDI也算是行业标杆之一了。

所谓领跑者，就要干一些同行业中别人没干过的事，不能一味地简单模仿，跟在别人屁股后面，别人这事干得挺好，我们就学习、借鉴，别人这事没成功，那我就不能干了，这是跟随者的心态，不是领跑者。CCDI就干过很多别人没干过的事，比如协同设计，CCDI是国内比较大的设计院中率先全面推行协同设计的；职级体系和绩效管理，据我所知，也是CCDI第一个在设计行业中实施的；还有品牌推广、事业部架构、项目经理制、CCDI学院、BIM等等举措几乎都是业内第一个吃螃蟹的。当然，做领跑者、做翘楚，不必事事都要标新立异，都要与别人不同。差异不是目的，是手段。

现状与愿景之间的距离总是比较远的（否则愿景就没有意义了），企业和个人面对这样的挑战，在资源能力上必然存在巨大的不足，但这并不可怕，重要的是团队的心态是不是开放式的，思维有没有打开，这是迈向愿景的第一步，也是最重要的一步。三十多年前，中国走向改革的第一步就是"解放思想"。

我在为国内多家设计公司组织的管理研讨会上，发现一个有意思的现象：无论文字上有多少差异，几乎所有设计公司的愿景所表达的内涵都差不多，都是要成为NO.1，有的是行业第一，有的是地域第一，或者是某细分市场第一，都想成为领跑者。这种现象有问题吗？没有问题。举个例子，大家知道在竞技体育比赛中，所有的运动员都想赢，都想成为世界第一，即便实力不够，愿景也是想成第一，对不对？运动员们的愿景是一样的，虽然最后有人能实现，而大多数人不能实现愿景。当然，也有例外，中国足球界的一些参与者就是例外，他们的愿景不是争第一。

价值观

英国著名国际政治经济学家苏珊·斯特兰奇，被誉为20世纪该领域最杰出的三位西方学者之一，在其1988年出版的《国家与市场》的开场白中讲述了一个虚拟的荒岛故事：在一个月黑风高的夜晚，波涛汹涌的大海上，一艘轮船沉没了，幸存者分乘三艘救生艇来到了一个荒岛，而且每一艘救生艇上的人都认为自己是唯一的幸存者，不知道另外两艘救生艇的存在。

第一艘救生艇有九个人，其中有一个原来船上的高级船员叫马丁，还有三个水手、一对情侣和另外三个人。他们到了荒岛上后，三个水手是最主要的壮劳动力，因为他们在船上已经习惯于服从高级船员马丁的命令，所以按马丁的指令行事就逐渐成为整个团队的意识，马丁说OK就OK，马丁说NO就NO。慢慢的，他们在岛上安顿下来，生活得不错。这样的团队，内在价值观体系认同的是安全、秩序，特别是安全。成员们认为在危机四伏的荒岛上，安全是第一位的，而要想获得安全保障，就需要维持一定的秩序，秩序的代表就是马丁，所以服从马丁是必然选择。他们之间沟通的方式是监控，成员之间不用讨论，讨论也没用。

第二艘救生艇上全是学生，虽然其中有一个学生领导，但是他不像马丁那样有威信，大家也没把他当做团队领头人。他们在救生艇上就开始了没完没了的讨论，讨论的结果是要组织一个公社，原则是各尽所能、各取所需，决策平等，人人参与，他们觉得这样才能快乐。到了荒岛上，他们就按这种方式开始组织生活了，中间出现了很多问题，比如说有人偷懒马虎，有人比较勤奋，因为原则是各尽所能、各取所需，所以无法做到奖勤罚懒。还有很重要的公共卫生，属于脏活累活，谁也不愿意干，但又不能强迫任何人去做，所以公共环境不好。尽管出现了各种各样的问题，大家还是觉得办公社是个好主意，因为他们觉得最重要的是公正和平等。

第三艘救生艇的人力资源状况最差，全是老弱妇幼，也没有领导，在乘救生艇漂流到荒岛上的过程中，大家都在想这下一步日子该怎么过，什么都没有了，自己想自己的，没有交流，没有讨论。上岛后，他们四下散开，各干各的，开始了自给自足的生活。一段时间后，他们发现有问题，很多时候无法自给自足，必须团队协作，比如带小孩的母亲，她去打鱼的时候不能把孩子带上，但又没人帮她照看小孩；还有盖房子，必须要几个人协作才能把房子盖起来，独自一个人是很难完成的。这样的问题越来越多，他们必须协作，但是又没有协作机制。这时，有人想到一个主意，他说救生艇上还有一些钉子，我们能不能把钉子当做货币来使用，这样能够相互交换服务或食物。大家认同了这个方法，把钉子取出来，所有人先均分"货币"。交易过程中渐渐形成了价格体系，比如一个守夜的警卫可以得两枚钉子，照看孩子可以得一枚钉子，这就形成了类似市场化运作的方式。但是这样也有问题，问题的根源是他们的劳动力实在是太弱了。尽管如此，他们至少能够有吃有喝有住。这个团队遵循什么样的价值原则呢？财富、自由。

上述三个团队的价值观各有侧重点，分别注重安全和秩序、公正和平等、财富和自由，苏珊·斯特兰奇以这个故事引出人类价值观中最基本的四个诉求——财富、公正、安全、自由，其他的与价值观相关的概念都是基于这四个要素组合、提炼形成的，就像色彩学中的三原色。这里所说的安全指的是在基本的人身安全和生存得以保障的前提下，当下的合意生活状态是否会被破坏的问题；财富指的是在满足基本生活保障所必须的经济条件之后，是否对物质或金钱有额外追求，是不是物欲崇拜；自由指的是在保障人身自由前提下的思想自由。

这四个要素对每一个人、每一个组织都是缺一不可的，区别在于要素的排序和权重不同，排序一致，权重未必一样。比如，一个赌徒肯定是把财富排第一位，把安全放在最后一位，抢劫的罪犯同样把财富放在第一位，但与赌徒不同的是他把公正放在最后一位。

一般来说，排序和权重没有绝对的正确与错误，反映的是不同人、不同组织的价值取向。所谓"物以类聚，人以群分"，真正的分类原则实际上是价值观。人生的不同阶段以及外部环境会对排序和权重产生影响，比如面临金融危机的时候，很多人会更关心安全，为此愿意降低对自由、公正的追求；应届毕业生刚走向社会，生活压力大，会优先考虑安全、财富，奋斗十几年后，有了一定经济基础和阅历，成为社会中产阶层，相对更看重自由和公正。

我在十几家设计公司的管理研讨会上，组织过财富、公正、安全、自由的排序练习，请员工们对公司现状价值观以排序的方式予以评价，再对基于实现使命、愿景而应该遵循的企业未来价值观进行排序。练习结果惊人地相似，现状价值观排序中，财富、安全居前两位，公正、自由居后两位；而在对未来价值观的排序中，完全相反，自由、公正居前，安全、财富在后，这说明很多员工既对公司现状不满意，也对未来没有信心。

我们来看看一些著名公司的价值观：

惠普公司——我们对人充分信任与尊重，我们追求高标准的贡献，我们将始终如一的情操与我们的事业融为一体，我们通过团队，通过鼓励灵活与创新来实现共同的目标——我们致力于科技的发展是为了增进人类的福利。

迪斯尼公司——极为注重一致性和细节刻画；通过创造性、梦幻和大胆的想象不断取得进步；严格控制、努力保持迪斯尼"魔力"的形象。

波音公司——领导航空工业，永为先驱；应付重大挑战和风险；产品安全与品质；正直与合乎伦理的业务；"吃饭、呼吸、睡觉都念念不忘航空事业。"

从这些价值观表述中，我们能感受到的是自由、公正，而不是财富、安全。不是这些公司不需要财富、安全，而是他们认为自由、公正是"因"，财富、安全是"果"，能做到前者，后者是自然结果。在海盗生涯中抢劫过400多条船的著名加勒比海盗头目塞亨马缪尔·罗伯茨，为团队制订了如下章程：

1. 对日常事务每个人都有平等的表决权；
2. 偷取同伙财物的人要被遗弃在荒岛上；
3. 禁止在船上赌博；
4. 晚八点熄灯；
5. 不许佩戴不干净的武器，每个人都要时常擦洗自己的枪和刀；
6. 不许携带儿童上船，勾引妇女者死；
7. 临阵脱逃者死；
8. 严禁私斗，但可以在有公证人的情况下决斗，杀害同伴的人要和死者绑在一起扔到海里；
9. 在战斗中残废的人可以不干活留在船上，并从"公共储蓄"里领800块西班牙银币；
10. 分战利品时，船长和舵手分双份，炮手、厨师、医生、水手长可分一又二分之一份，其他有职人员分一又四分之一份，普通水手每人得一份。

从这份章程中，我们可以看出这个海盗团伙的价值观竟然也把公正、平等、分享视为最重要的，而不是财富。据说，电影《加勒比海盗》中杰克的原形就是罗伯茨。

20世纪最伟大的经济学家之一的约瑟夫·熊彼特（1883—1950年）在其1912年

发表的成名作《经济发展理论》一书中，首次提出创新理论，创新被认为是促进社会经济和企业发展的根源。创新的必要条件是什么？自由！没有自由，尤其是没有思想的自由，就没有创新的可能。这就是为什么中国在经济全球化过程中只能居于"中国制造"而不是"中国创造"的地位，季羡林去世后的"此后无大师"和钱学森之问都是这种状况的反映。中国的教育体制让大部分人变成了一个模子铸造出来的机器，没有思想，这样的人怎么可能有创新能力呢？

哈佛大学迈克尔·桑德尔教授在他讲授的《公正》课程中，归纳了公正的两种传统出发点：功利主义（代表人物杰瑞米·边沁）、绝对主义（代表人物伊曼努尔·康德），这也同样是价值评判的基础。

功利主义认为人类的行为是以快乐和痛苦为动机的，快乐与痛苦是能够换算的，快乐为正数，痛苦为负数，每个人的行为价值取向就是为了得到更大的正数。功利主义不考虑行为的动机、手段，仅考虑结果对"数值"的影响，能加分的即是善，反之即为恶。现实世界里，功利主义的思考方式大量存在，并发挥重要作用。比如在合同谈判中，各方都会进行投入、产出分析，以判断对自己是否有利；宏观经济中，对调控措施要做事前预判，作为决策依据；决策一个新项目，需要一份可行性研究报告。我认为，功利主义的最大问题是人们根本不可能把投入、产出的所有要素考虑清楚，也不可能把所有要素准确量化。中国经济增长逻辑的唯GDP导向是典型的功利主义思维方式，只要GDP快速增长，其他的诸如环境、公平、腐败等等问题都可以用发展中必须的代价一言蔽之。以环境为例，30年前，在算账的时候，没有人会把环境作为粗放式经济增长需要投入的要素来考虑，现在回头再算账，发现当初的很多账算错了，亏了而不是赚了。即便是现在，环评作为上项目必须的程序，我们能说给环境标的价是合适的吗？也许环境根本就无价。人际往来、企业合作、国际交往中，所谓"没有永远的朋友，只有永远的利益"是经典的功利主义说辞。企业管理中，老板们能算得出收入、成本、利润、资产规模、人员数量，但无法给团队凝聚力、合作氛围、价值认同、使命感、士气等要素定价，而这些"虚"的东西可能恰恰是智力型组织的核心价值所在。

绝对主义者认为人们在思维和行动中必须遵循一些原则，这些原则不会因为情景变化而改变，是必须无条件绝对遵守的。康德认为绝对原则来源于三个绝对公式：普遍法公式、自在目的公式、自律公式。由普遍法公式得出的是那些你同时希望成为普遍法则的准则，如不说谎、信守承诺、珍爱生命、保护个人财产等等，排除了任何人

第九章 | 企业文化（使命、愿景、价值观）

享有特权的可能性；自在目的公式要求任何行为必须将（自己和他人的）人性始终作为目的而不仅是手段，必须尊重他人及其以负责任的方式进行的选择，因此信仰自由、言论自由是必须保证的；自律公式是对自己提出的一种意志准则，而不应强求他人遵循，如合作、分享等。我的理解，前两个公式得出的准则属于社会道德和社会价值观范畴，其底线以法律的形式体现出来，第三个公式是个体（个人或组织）选择的价值观，在企业中就是企业价值观。

相对于功利主义者，绝对主义者具有契约精神。当下的中国是功利主义社会，缺乏契约精神，法律都难以得到尊重，更谈不上价值观和道德。设计公司与甲方签订了合同，在执行过程中，经常遇到甲方借非合同约定的质量、进度、服务等缘由，拒付、缓付、扣减设计费，乙方则以合同据理力争；也有反过来的情况，乙方因为对合同中的价格、设计周期不满意，找各种客观原因或甲方过错推延合同执行，甲方以合同据理力争。两种情况下，虽然均有一方拿合同说事，但都不是尊重契约的体现，只是合同条款更符合当时的算账结果罢了。所以，合同、感情、责任、客观理由等等都可以拿来说事，只要有利于当下的利益算计。

注意手段、目的自明

"究竟他的目的是什么呢？尽管许多年来我同他最为接近，但我往往不明了他目的何在。我甚至怀疑他自己是否明了。他说他只要走一步就够了；他不打算瞻望将来，也不打算面前有一个明确目标。"注意手段，目的自明"，这句话是不惮其烦地反复告人的。"

——摘自《印度的发现》（尼赫鲁著，齐文译，世界知识出版社，1956年）

They say, "means are, after all, means". I would say, "means are, after all, everything". As the means so the end...
If we take care of the means we are bound of reach the end sooner or later.
人们都说手段只是手段而已，
但我要说手段就是一切。
注重手段，目的自明……
只要我们注重手段，那么目标就必定会实现。

上述这段话描述的是圣雄甘地，印度非暴力、不合作独立运动的导师。
2010年6月底，在上海闵行区七宝镇万科城市花园的一间茶室，一位朋友告诉我甘地的"注意手段、目的自明"这八个字。顿觉尘清。

如果我们将期望的结果称为"目的"、达到"目的"所要做的事称为"手段"的话，通常我们做事的方式是先确定目的，再寻求手段，也就是说手段的指向是目的。

目的与手段理应一致，然而，工作20多年，所见、所闻中更多的是手段与目的间的背离。比如，每个企业都在追求发展壮大的目的，但其过程中往往表现出自相矛盾的现象，如：一方面广纳贤才，另一方面内部人才大量流失；强调制度建设，而破坏制度的恰恰是制度的制定者；提倡团队合作，实际上各自为战；说是关注员工成长，然而却不提供培训、引导等支持；提倡分享，却是各算各的账。

总之，说的（目的）与做的（手段）往往不是一码事。

20世纪70年代以前出生的中国人所接受的教育大多是理想主义/英雄主义式的，强调精神力量和心理意志力，认为做一件很困难的事情本身就是伟大的、崇高的。于是：

1．因为目的崇高，手段也当然崇高；
2．只要目的崇高，任何不崇高的手段也可以神化为崇高；
3．如果目的并不崇高，设法使之神化为崇高，由此手段也就崇高起来了；
4．因为崇高的目的曾被玷污、利用过，所以世界上并不存在具有普遍意义的价值观。

按照这个逻辑，对企业领导者来说，为企业设定一个遥远的、虚幻的、普世的、具有伟大意义的目的（目标、方向）是最重要的乃至唯一的关键点。只要目的足够崇高，就可以不择手段，过程中的错误就可以用必需的牺牲、代价来解释（换个角度说，就是奉献）。更重要的是，当具有普遍意义的价值观被彻底否定时，任何目的、手段都可以被论证为崇高。

很多企业都有使命、愿景、价值观的描述。但是，企业领导者们往往能把使命、愿景诠释清楚，而对价值观既不愿深究，也不愿了解。原因很简单：使命、愿景是目的，价值观是手段正当与否的判断依据。如果领导者只注重目的，自然对使命、愿景念念不忘，而手段是可以不择的，价值观不过是个摆设。顺便说一句，我过去四年多的咨询经历中，大多数老板往往愿意花上半天时间一起讨论愿景、战略，而只愿意花10分钟聊聊价值观。

员工们则面对企业中的矛盾现象迷惑不解。如果质疑企业目的（使命、愿景），其崇高让个人顿觉卑微、渺小，至少难以开口、无法辩驳；如果质疑手段，则被教育眼光要长远一点，不能被短期的困难吓倒，前途是光明的，道路是曲折的；质疑价值观更是难以被大家理解，那么虚无缥缈的东西看不见、摸不着，怎能说得清楚。我自己的多年工作经历中，确实很少有同事主动和我谈到公司价值观方面的问题。

问题可能恰恰在大家都认为没什么用的价值观上。见过很多企业把8个字或10个字的价值观写在墙上，希望员工们记住，但如果你随意找个员工问问，十有八九他（她）说不全。不是他（她）记忆力不好，而是企业的实际行为准则与墙上写的价值观大相径庭。比如，"信任"被很多企业列入价值观描述中，但其制度设计中往往以防范极少数人钻空子为基本原则，哪里还谈得上"信任"。"合作"也常见于现代企业的价值观中，但不少企业的组织架构一看就是"包产到户"的格局，典型的利润中心管理思维，合作也就是说说而已，不能当真。

手段和目的原本源自相同的价值观视角，"注意手段"和"注意目的"并不应该有本质差异。但实践中，由于价值观的实质性缺失，导致"注意目的"的企业通常不择手段，反而达不成其目的，即便达成，最多昙花一现。

"注意手段"的公司重视价值观的作用、成长的过程，也许目标没有那么宏大、明确，但尽可能扎实地走对每一步，将使"目的自明"。

甘地心志精诚，浑全不二，处处都是手段，处处也都是目的。

平等、尊重、信任、合作、分享

很多组织都有文化价值观描述，比如"团结、紧张、严肃、活泼"——毛主席语录、"严谨、求实、团结、创新"——我的母校同济大学校训。这样的组织文化描述会出现办公室的墙上、培训课堂上、手册里，但仅仅如此是没有意思的，甚至有人调侃说：写在墙上的往往是做不到的。价值观是每个人、每个企业心中的一杆秤，每时每刻，一事当前，如何取舍、决策、行动都是受价值观支配的。辨别一个企业的价值观不是看它怎么宣传的，而是看它怎么做的。二十年的职业经历中，我拜访过很多企业，有时，只需要在办公室转转，待上十分钟，就能感受到这个企业的价值观，比如办公室的布局方式、员工脸上的表情、肢体语言等等都能反映企业文化，而这些细节是最真实的。

中欧国际工商学院管理学副教授肖知兴在其著作《中国人为什么组织不起来》中，总结了成功企业的价值观核心要素：平等、尊重、信任、合作、分享，它们互相交叉、互相支撑，是不可分割的整体。我深以为然，管理是一种思维方式，决定思维方式的是价值观。

1. 平等有三层含义：

1）平等的人格。"平等"的根本点是"人格平等"，即通常所说的"人生而平等"、"在法律面前人人平等"。中国两千多年"帝王文化"的出发点就是人与人之间是不平等的。最近在网上看到的两则小故事也许可以说明真正的人格平等的含义：当今以色列著名作家奥兹激烈主张巴以和解、和平，强烈反对政府的强硬政策。某日，以色列前任总理奥尔默特邀请他喝咖啡，讨论问题。以我等观念，即使平日有政见不合，在政府首脑面前总还要唱唱赞歌，赞颂总理"英明决策"吧。谁还敢当面与国家总理唱对台戏？可奥兹同总理喝咖啡喝了一个多小时，却是激辞一场，然后扬长而去。就是这位作家在乘车的时候，出租车司机认出了这位作家名人，明确表示"不同意你的意见"，且滔滔不绝阐述自己的观念，而作家只有老老实实听的份儿。从国家总理到名作家，再到一个普通劳动者，身份不同，地位不同，却自然地以平等的态度来交流和讨论内心真正的思想。这位作家有一段话说得很深刻，"以色列强大的秘密就是怀疑和辩论"。他说出了以色列之所以强大的根本——人格平等。

1797年，美国的一个5岁孩子不幸身亡。孩子的父亲把他葬在一块自己的土地上。为了减轻丧子的痛苦，他决定卖掉全部土地，迁往他乡。他在转让土地的契约里写明，土地的新主人必须把孩子的墓地保留下来，不能私自拆迁和铲除。100多年后，美国总统格兰特逝世，恰恰看好孩子墓葬的这块地。人们把总统坟墓建造在这里，但这孩子的坟墓未曾移动，而且还重新修缮一番。格兰特总统逝世100周年，政府决定拨款重修，距离那个孩子的不幸死亡整整200年了。为了不影响人民对格兰特总统的拜谒，200年后把孩子坟墓铲平，照理应是"大局"、天经地义。但政府却在修整总统坟墓的同时，也修整了孩子的墓地。美国前总统里根在格兰特墓前说，孩子"也应该享受和总统一样的待遇"。

企业中的人格平等，要求员工，特别是高职级员工有平视的心态，懂得尊重他人。一个人比他人具有能力、财富、智慧等方面的优势时，不代表他拥有特权，更没有支配弱者的权力，而应该是有更多的义务去帮助他人。

2）平等的贡献。在公司发展过程中，每个员工都在以自己的方式作出贡献，一部机器的螺钉和齿轮，大小不同、作用不一，但都不可或缺、同样重要。变革不同于革命的一个重要表现就是：革命要的是自上而下的一致声音，变革中一致叫好反而更容易出问题（平等文化本身意味着多种声音）。所以，企业变革过程中，员工从不同的角度对变革有不同的理解，推动、支持、质疑、抵触等各种声音都可能有，这是正常而且是需要的。有一种"赞成"方式是"反对的意见",有一种"反对"方式是"简单的附和"。

3)平等的发展机遇。公司发展必须为每一个员工平等地提供发展机会。当然,机会平等不意味着结果均等,结果不同的原因很大程度上在于面对机会时的心态。借用前中国足球队主教练米卢的一句话"态度决定一切",很多设计公司正处于快速变革成长期,成长的机会很多,同时问题(或者说企业变革期的现象)也很多。实际上,任何企业运营方式都有利弊两面,如果大家认同企业变革的方向,理解新方式的利大于弊,采取主动参与、共同解决困难的态度,那么个人发展的机会就相对多一些。

2. 尊重有三层含义:

1)对差异的尊重。记得小时候看电影或样板戏,电影上只有两种人:好人、坏人。角色一出场,就能知道他(她)是好人还是坏人。"帝王文化"之下,我们习惯于一元化思维和语境,非黑即白。而实际上,"世界是灰色的,灰色是最美的"。人与人之间在性格、习惯、对事物的看法等等方面总是有差异的,而恰恰是差异的包容和融合促进我们找到合适的道路。面对公司变革,每位员工都有对现状和未来方向的理解,也有自己认为的走向成功的正确路径。但实际上每个人都只是看到事情的某些部分,而不可能是全貌,所以,尊重差异,学会倾听不同的声音、融合不同的意见,在妥协的基础上去寻找"灰色"的道路才可能是真正走向成功的最佳路径。

没有差异,就没有多样性,就会彻底丧失创新的能力。

艾尔弗雷德·斯隆从1923年到1956年,实际治理通用汽车公司长达33年。这段时间中,通用汽车爬升追上福特公司,奠定了作为美国三大汽车厂之一的稳固地位。

斯隆留下了许多管理上的丰功伟绩,不过流传最广、最久的是他在某一次内部会议上没有预先备讲稿的谈话。斯隆对着会议参与者说:"各位先生,显然我们对目前这个决定达成了完全的共识,没有任何人有任何不同想法。那么,我提议我们暂时冻结这个议案。让我们大家有时间去发展一些不同意见,这样也许可以多增加对这个决定的理解。"

从事过管理工作的人都知道,会议上最怕大家意见不一致,要费唇舌解释沟通甚至争执吵架,最后勉强达成共识,或根本由主管强制做决定,期间耗时耗神!如果碰上没争没吵大家就都看法一致,那太好了,马上可以执行。而斯隆却违背经验与常识,大家达成了共识,他不是喜形于色,反而犹豫迟疑,搁置冻结议案,要等到有不同意见出现，才愿意继续进行下去。太容易形成的共识，不一定是和谐合作的保证，也有可能暗藏同床异梦、分崩离析的陷阱。

2）对他人的知识、头脑和判断的尊重。在倾听声音、融合意见的后面，是对他人的知识、理解和判断的尊重。没有这样的尊重，团队合作无从谈起，高职级员工尤其要注意这一点。任何项目团队中都有能力强的员工，但能力强也是相对的，能够激发、尊重并汲取团队其他成员思考、意见的人才是真正的高职级员工。

3）对公司发展历史的尊重。前两点是在人际的维度上理解尊重。而在公司发展的纵向时间维度上，同样要讲尊重：即尊重历史。这里又包含两层重要含义：一是尊重企业的发展历史。任何企业能走到今天，都有其独到的成功要素。但是，管理学的经验告诉我们：上一时期企业成功要素恰恰可能是下一阶段变革的对象。比如，过去公司规模小的时候，设计品质、质量的把握主要靠核心人员的技术能力，不需要WBS（工作分解），现在规模变大了，个人的技术能力仍然重要，同时组织化的技术把握能力也必须建立起来，WBS就是关键。这里，尤其重要的是，企业变革中对过去成功要素的重新认识不是简单的抛弃，而是要尊重这些要素在过去所起到的重要作用，分析当下需要继承、调整、转化的方式。一个惯于割裂历史的民族是没有希望的民族，同样，一个不珍惜、不尊重发展历程的企业也是没有希望的企业。二是尊重为企业发展作出过贡献的员工。企业的今天是员工们共同努力的结果（当然，贡献的大小是有差异的）。大家都希望看到公司继续发展、成长，那么变革是必然的。这一进程中，同事们对变革的了解、认同、参与、推动会有时间先后的不同（甚至有同事会选择离开公司），但企业绝不能因时间先后的不同而放弃帮助每一位员工成长的努力。借用《士兵突击》中的一句话：不抛弃、不放弃。

3. 信任意味着：

1）把自己托付给同伴。你愿不愿意、敢不敢把自己托付给伙伴？就像拓展训练里面，一个人站在高处，背朝后方仰面摔下来，而他/她的伙伴们会把他/她接住。在一个高度强调团队、强调合作的年代，我们也必须把自己托付给其他人，也就是说，我们必须信任我们的团队伙伴。这就要求我们要有采取开放的心态，只有打开自己，才可能信任他人。

2）自己，是否担当得起同伴的信任。信任，是对等的；当自己仰面朝天摔下来要伙伴接住，伙伴摔下来的时候，你也要接住。你把自己托付给对方，同样，对方把自己托付给你的时候，或者把一份工作托付给你，"兄弟，这一块就靠你了"，你要问自己"靠得住靠不住？"能不能对得起对方的信任。所以，这就意味着我们每一个人要有担当，要有责任感。

3）信任，还代表着企业信奉"自我管理"的理念。每个人都是想把事情做好的，所以，只要大家的方向一致、价值观一致，每一位员工都是能够对自己负责、值得信任的。公司也应该采取一些管理方法作为辅助、支持（而不是为了管束、监控），以帮助大家的职业化成长。自我管理是公司内在生命力的源泉。

4. 合作，并不仅仅是几个人一起做一件事，它必须要有思想认识上的基础。这个基础，首先是：

1）大局感。我们每个人都是在一个团队中，有共同的方向和目标。有大局感就要从全局来看问题、做事情，要学会和团队中的人达成共识、协调步骤。

2）自我谦卑，对自身的有限性/局限性的清醒认识。现代社会，发展突飞猛进，分工日趋精细，人们可能在某一方面取得突出成就，但不可能纵横所有的领域。我们所处的年代、市场环境、工作性质，都决定了：一个人打不了天下。了解自己的优点，就知道自己能为团队贡献什么；了解自己的缺点，就知道自己需要什么样的伙伴。

3）帮助团队中其他人。团队成员之间必然相互影响，真正水平高的人，在团队中不仅贡献相对较大，而且能在过程中帮助其他人成长（而不是简单地被其他人左右）。这种帮助一是体现在知识、专业能力等"硬件"上；二是价值观、人生态度、职业化素养等"软件"上。

4）感恩的心。任何团队成果的达成都不是靠个别人的一己之力。研究和实验证明，每个人习惯于放大自己的贡献，原因有两个：一是在工作中必然或多或少投入感情，感情投入越深，放大的越多；二是认识的局限性，每个人必然对自己的工作最了解，而对其他人工作情况无法全面知晓。由此带来的偏差通过沟通可以弥补一部分，更重要的是要怀着感谢的心情，来对待其他人的工作。

5. 分享：

1）收益的分享。每一位员工，都拥有根据自己作出的贡献来分享公司发展收益的权利。这里的难点是，贡献大小的判断由于时间长短的视角（长期贡献和短期贡献）、个人价值评判标准的不同、认识的局限性（前文提到）等等原因不可能所有人完全达成共识。理性而言，这种判断的差异永远存在，也许只能通过相互沟通、信任、理解去消除。

2）知识的分享。收益是结果，合作是过程。设计公司是一个由知识工作者组成的团队，所以，在收益分享之前，首先应该是知识的分享。我自身的职业生涯告诉我，恰恰是在主动与同事、朋友分享的时候，自己获得的最多。

3）成长的分享。企业的变革过程会是一个非常有意思的经历，公司里大部分同事在职业生涯中没有过类似的体验。人生的一个很重要的乐趣是体验，比如网上"一生应该要干的100件事"，其中不少是吃苦受累的，没那么惬意，那为什么应该要干呢？我理解其中的乐趣就是体验。企业希望通过变革促进组织成长，而每一个亲历者都能够体验这个过程，分享个人、企业成长的苦辣酸甜，并在过程中寻找归属感。

中国设计公司的价值观困境

"企业"应该是酒，哪怕只有一口，但它也得是酒。很多"企业"是葡萄，新鲜的葡萄，甚至还挂着霜，开始时是葡萄，到最后还是葡萄。有些"企业老总"明白这个道理，他们知道"企业"应该是酒，但没有酿造的过程，上来就是一口酒，结束时还是一口酒。更可怕的是，这酒既不是葡萄酿造的，也不是粮食酿造的，是化学原料勾兑出来的。真正的"企业家"是要把葡萄酿成酒，而不是仅仅满足于做一杯又一杯的鲜榨葡萄汁。

上面的这番话是套用姜文评价冯小刚电影的一段话，用"企业"替换了"电影"，用"企业家"替换了"导演"。

酿酒是个生化过程，生化反应中起主要催化作用的是"酶"。那么，催化企业发展的"酶"是什么？商业模式、核心技术、品牌、管理等等都是企业成功的重要因素，但催化一个可持续发展企业的"酶"是企业文化。同理，催化社会进步的"酶"是社会文化，催化个人成长的"酶"是个体的人文思考。

中国传统文化的核心是"帝王文化"。自秦帝国统一后，诸子百家的思想要么被封杀，要么被改造为符合统治需求的文化思想。"帝王文化"的核心是"等级秩序"，人是生而不平等的，维护这样的不平等是封建社会的需要，为此要建立秩序。但是，社会进步、发展需要的是建立在平等基础上的秩序，这与"帝王文化"的根本点是不同的。其实，在先秦文化最主要的道、儒、墨、法的思想体系中，无不体现对平等的

第九章 | 企业文化（使命、愿景、价值观）

追求，可惜两千年的封建统治使"帝王文化"根植于每一个中国人的潜意识中。当"皇上"的人期望基业常青，当"臣民"的遇上明君则倍感"皇上圣明"，遇上昏君才想到要推翻这暗无天日、不平等的社会秩序，可一旦自己当上"领导"，仍然是重回老路，开始又一轮帝王统治。

西方文化在早期与中国文化如出一辙，但他们所经历的文艺复兴和启蒙运动从根本上撼动了"帝王文化"，文化上的突破、"平等文化"的形成决定了现代西方的崛起。这两场运动的核心思想是平等、自由、理性。平等是自由、理性的基础，没有平等的自由不是真正的自由，没有平等的理性是假理性。

孙中山在论述中国推翻清王朝统治后走向民主的进程（即"帝王文化"向"平等文化"的转型）时，提出军政、训政、宪政的三阶段理论。军政时期即"以党建国"的暴力革命时期，训政时期即"以党治国"时期，宪政时期即"还政于民"时期。军政的必要性是因为清王朝不可能放弃帝王统治，只能用暴力方式推翻；训政在于普及公民意识；宪政就是民主国家。军政、训政都是过渡阶段，目的是创造条件实现宪政，也就是说军政、宪政的成功标志是能否尽早实现宪政。可见，民主是现代和谐社会的必要条件。

从训政过渡到宪政的危险有三种，一是训政阶段的权力集团和资本集团以宪政为幌子，把宪政变成盘剥人民、攫取利益的工具；二是训政阶段的所谓社会精英以民众不具备民主能力为借口，拒绝向宪政过渡。实质上，虽然这些所谓的社会精英大部分也是草根出身，但已自认为与民众在人格上不平等了，以精神统治者自居，本质上与传统的权力集团和资本集团没什么区别；三是军政的革命方式延续了暴力的历史惯性，使宪政沦为空谈。

"帝王文化"在企业中的经典表现是：老板就是公司里的皇上。一些流行的打工哲学反映了打工者在这种公司的处事方式，比如：老板永远是对的，如果老板错了，参照前一句。还有，错误永远是自己的，成绩永远是老板的。老板文化是逐级传递的，每一层级都是下一层级员工的老板。需要说明的是，有时，老板未必是直接上级，而是被认为能给自己带来利益的人。

与此相反的另一种文化是"平等文化"，即平等、尊重、信任、合作、分享。

两种文化的差异一般表现为：帝王文化对人不对事，平等文化对事不对人。对事不对人，指的是企业经营行为发轫于大家认同的企业方向，决策过程符合企业价值观，而不是以某人的个人意愿为依据。这需要参与决策的人能够并且愿意充分发表意见，意见的统一过程是以理服人而不是以权压人。对人不对事则相反，对不对不重要，重要的是谁决策的。老板决策的就执行，不管对与错。决策过程的实质是实力较量，充斥着权谋和交易，而不是领导艺术。

对下面几个问题的思考可以帮助我们甄别企业文化的形态：

1. 企业管理实践中，"要你做"和"你要做"，哪种情况居多？
2. 有哪些一线协调工作需要公司高管介入才能解决？
3. 除了公司高管，还有其他员工了解企业的经营状况吗？
4. 在重大决策时，除了股东和总经理，会征求其他员工的意见吗？
5. 当股东或总经理的"正确"决策遇到员工们的反对，怎么办？
6. 除了股东和总经理，还有谁考虑过企业的发展方向？
7. 公司和员工讨论过员工个人职业发展规划吗？

企业作为经济活动的组织细胞单元，不可避免地受社会价值观影响。在当下普遍缺乏安全感、功利主义导向的中国社会，企业价值观同样呈现出这种原生态状况。设计公司属于智力型行业，"人"的因素是第一位的，相对于传统行业，企业文化至关重要，因此，设计公司的价值观困境愈加显现。在平等、尊重、信任、合作、分享中，平等应源于康德所说的普遍法公式，尊重应源于自在目的公式，二者都是社会价值观范畴，信任、合作、分享才是由自律公式得出的企业价值观。在中国想把企业做好的难处之一就在于，不得不把属于社会基本价值观范畴的要素纳入企业价值观塑造中，抵御"负外部性"。

如果以"道、法、术"三个层面来界定企业分别在企业文化、治理结构（决策机制）、经营模式的变革的话，大部分公司的变革属于"术"层面，个别属于"法"层面（一般是不得已而为之），几乎没有公司把变革的重心放在"道"层面。在国家层次，道、法、术对应的是文化、政治体制、经济结构，30多年的改革改的是"术"，"法"变化不大，"道"甚至每况愈下。

企业无法选择社会现状，当我们以消极心态面对这样的现实时，会感到沮丧、无能为力，只能发出一声叹息。也可以换个角度想想，这恰恰是机会，如果我们认同平等、尊重、信任、合作、分享的价值观能激发人的主观能动性，进而促进、保障企业可持续发展，那么率先突破的企业就占据了先机。事实上，在我近些年的经历中，已经看到在平等价值观方面做些许努力，团队焕发出来的活力超出所有人的想象。有人说，管人是最难的，我觉得既难也不难，劈过柴（或看过劈柴）的人都知道，顺着木材的纹理劈，很容易，反之就难。人的事也一样，遵循人的价值观特性来思考管理问题就不难，反之，把人当物来管，肯定难。

　　企业价值观转型只能自上而下进行，是非常困难的，对企业家来说，最大的挑战是突破自己多年已成型的价值认同体系，即便能有突破，由于一时难以获得员工信任，好心被当成驴肝肺，难以坚持，再走回头路。常听一些人说"等我有钱了，就去做慈善"，其实，慈善的方式很多，大多数人都可以量力而行，你能相信一个在认识上把财富多寡与慈善行为挂钩的人，将来某一天会突然幡然悔悟吗？类似的话还有"等公司蛋糕做大了，大家都有得分"、"等以后有时间了，再多陪陪家人"等等，无人相信，甚至说的人自己也不信。塑造价值观需要的不是外在条件，而是从现在做起，从思考每件事的出发点做起，坚持不懈地向每一位员工传达这样的信息，外部情况、企业阶段、人员状况、技术条件影响的只是方式方法，价值观准则应当始终如一。否则，企业的使命、企业的愿景永远不会实现。

附录
01 在《设计企业融资与资本专题研讨会》上的发言

2012. 3.30

先就刚才几位老总发言中涉及的几个概念说明一下个人看法：

1. 设计行业的产出是定制产品，不是批量产品。当然，这并不是说设计产品不能部分复制，但不能追求像制造业那样大批量的100%的复制；

2. 设计行业虽然也有大师、明星，但与影视行业有根本不同。影视娱乐的商业特点是"赢者通吃"，斯皮尔伯格的电影全世界的人都看，而不知名导演拍的片子没人看，作家也是如此。建筑设计则不同，大师不可能把所有的建筑都设计了，再有名也只能做很少比例的设计，谈不上市场占有率；

3. 刚才唐总（深圳华阳国际设计公司董事长）提到了企业传承的两种方式：家族传承、组织传承，我想再补充一种形式——思想传承，特别是行业中一些前瞻性的研究、探索对后世可能有长期的影响，这也是一种传承，不会随着企业形式上的消亡而没有价值，比如现代建筑四位大师的事务所都早已不存在了，但他们的思想仍然是所有建筑学学生的必修课。

下面就今天的主题谈四点：

1. 任何行业、任何企业的核心能力来源于三个层面：资源、流程、价值观。资源就是企业拥有的资本、智力、渠道、设备、土地等一系列可以调用的要素，现代社会导致很多资源可以用资本价值来计算，所以也可以把资源简单分为资本和非资本两类。今天的话题是关于资本，所以就不谈另外两个层面的核心能力——流程、价值观了。

就资源角度看，所有企业都是需要资本和非资本两类资源的，不同行业对两者的需求比重是不一样的，同行业的不同企业间的比重也不相同。对智力型企业来说，智力（非资本要素）对企业生存发展的重要性远超过资本的重要性。资本与智力（智慧）

之间无法转换，否则，中国早已成为全球科技强国，只要砸钱就行了。传统设计公司的常规发展中对资金的需求基本都可以通过自我滚动就可以满足，并不需要外来资金的扶持。

2. 今天研讨的话题中有一个是：设计公司是否需要上市？我认为这是一个伪命题，无法回答，必须区别各种公司不同的情况。设计公司可以分为五种：产品型、技术型、生产型、产业型、客户型（这里不做详细分析，有兴趣的朋友可参看我的其他博文），今天大家谈到的主要是产品型、生产型和产业型。产品型和生产型是传统理解的设计公司，或者说狭义上定义的设计企业，这些公司不需要大量外部资金扶持，更不需要上市。当然，听说英国的诺曼·福斯特事务说2007年吸收了一个外部股东，占40%股份，产品型公司这样的尝试是否有必要，能否成功，我个人持否定的观点，究竟结果如何，需要时间检验。世界咨询行业的顶尖公司麦肯锡在50多年前在华尔街的多般诱惑下，坚持不上市，而同期另一家知名咨询公司——博思公司，谨慎地拿出15%股份上市融资，结果两三年后花几倍的代价回购退市。

跳出传统设计行业的定义，由传统的设计公司衍生出来的产业型和客户型公司对资本的诉求变得很大，资本对这两种公司的发展能起到重要的杠杆作用，所以这样的公司需要融资渠道，上市是其中的一种。如 AECOM、ATKINS 都是上市的产业型公司，非常大，据说，利比亚政权更迭内战爆发时，前领导人卡扎菲的一个儿子在国外考察，邀请接待他的公司就是 AECOM，可想而知这样的巨无霸级产业型公司的影响力。

但是，千万不要以为上市的产业型公司就可以从此高枕无忧，靠资本驱动的行业在惨烈竞争后的细分市场格局是：前3名才能生存，即 3R 法则。

3. 不同类型公司核心竞争力的差异：产品型公司核心能力在于创意，往往依赖于大师或明星的个人能力，贝聿铭事务所曾经辉煌，但在贝先生退隐江湖后即日薄西山。生产型公司注重流程能力，通过 WBS 把设计过程拆解成若干可控环节，这样，职业建筑师们可以参照流程来完成质量稳定、技术可靠、周期可控、造价合理的设计。据统计，任何划时代意义的创新产品，98%以上依赖于已有技术，只有不到2%是全新技术。生产型公司就是能把这98%的现有技术解析做到极致。产业型公司以技术为出发点，注重上下游的延伸，所以核心能力是把技术能力不仅用于设计环节，而且应用到产业链的其他环节。

4. 鱼与熊掌能否兼得？建筑师出身的企业老总们或多或少都有设计情结（产品型），可能同时又有企业规模化的愿望（生产型），甚至觉得上市也可以尝试一把（产业型），于是就想，能不能兼得？我个人的意见是，不可能！文化差异太大，同时这样的兼得从企业管理角度来说完全没有必要。

  时间关系，不多谈了，谢谢！

附录

02 多阶层社会对建筑师专业化发展的启示
——2011 年第八届上海建筑师沙龙上的演讲

2011.10.8，陈榕铮整理

前面的几位演讲嘉宾（洲联的刘力总、同济的章明教授、绿城东方上海公司的刘纲总）都是行业内的专家，我本科学的是建筑学，但很早就不做设计了，专注于设计公司的管理。我从非专业设计师的角度谈点行业发展观点。

前段时间和银行界的朋友聊天，他说在银行界，一般是 8 年工作经历可以当科长，12 年当处长。我问为什么需要这么长的时间？银行的业务难度很高吗？他说一个人要有 10 年左右的阅历，才会在银行界、金融界经历一次经济周期，知道市场的波峰和波谷是怎么回事、什么感觉。在座的建筑设计界的同仁们，请问有谁知道我们这个行业的波峰、波谷是怎样的吗？说实话，我们没有尝过这种起伏的滋味。

前段时间上海宝钢集团董事长徐乐江说，现在的日子不好过。他拿现在和 2008 年比，2008 年国际金融危机爆发时，虽然市场从常温跌到冰点，但又迅速升温，也就挺过去了。和当时的冰火两重天相比，现在的日子更难过，因为现在是"温水煮青蛙"。企业经营规模越来越难扩大，各方面成本越来越高，眼见利润越来越少，却又找不到病症。2008 年的时候至少知道是怎么回事，人人有危机感，都在调动积极性找对策，现在温水煮青蛙，处于麻痹状态，情况更危险。国企尚且这样，那我们这个行业是否更是如此？建筑设计企业迄今尚未经历过一次真正意义上的波峰波谷，所以这个行业中的任何企业现在谈成功还为时过早。

东南融通的启示

前段时间看了一个案例：东南融通。这是一家 IT 公司，中国第一个在纽交所上市的软件公司，主要业务做 IT 外包。这家 1996 年成立的、2007 年在美国上市、最高市值曾经超过 10 亿美元的公司，在今年的 5 月份因为财务造假被曝光，8 月 16 日正式摘牌。相对于印度的公司，中国的 IT 企业都比较小，但是东南融通在中国毕竟是第一，最高峰的时候接近 8000 人，1996 年创业到现在也就 15 年的时间，消失了，迅速地消失了，难道仅仅是财务造假吗？还有，它为什么要造假呢？

从大的行业分类上说，IT 行业与建筑设计行业同属智力产业。IT 行业也风起云涌过，机会很好，就像好日子延续到现在的中国设计行业。

有人总结出东南融通及国内 IT 行业发展过程中的四个重大矛盾，我们对比建筑设计行业来看一看。

第一个问题是市场机遇：不断发展的业务需求和企业落后的融资能力之间的矛盾。对于这一点，并不是所有的建筑设计企业都面临，因为 IT 企业和建筑设计企业在初期投资上还是有所差异的。

第二个问题是业务模式：公司的业绩压力与核心竞争力之间的矛盾。IT 企业和建筑设计企业靠什么挣钱？其实是靠人。在北京、上海、深圳等一线城市的甲级建筑设计公司，建筑设计师一年的人均产值大概在 35 万—55 万，多数公司处于这样一个区间。如果一家企业希望业绩翻一倍，就要多招一倍人，其他实现的途径，恐怕大多数设计公司还未找到。所以我们这个行业就是在靠卖人头费过日子。某种意义上，可以说设计师是"智力民工"，很多时候是在画图，缺乏建筑师真正的核心竞争力，更多是体力附加值，智力附加值不高，所以在这种情况下，加班是正常的事。

第三个问题是管理方式：企业不断扩张的规模与落后的管理体系之间的矛盾。当企业规模变大之后，原本小作坊式的建筑师事务所或 IT 团队突然膨胀到几百人、几千人，管理变得更糟糕，这是因为没有实现对应的企业管理模式的转变。IT 公司基本存在这样的现状，当企业规模变大，企业管理成本比例反而大幅度增加，比如原来小公司的时候 10% 的成本用于管理，按照规模效应，公司壮大后管理成本应该降低，比如降到 8%，但实际上多数管理成本会更高，可能从 10% 上升到 20%，不仅管理成本的绝对数额在增加，比例也在上升，实际原因是管理根本跟不上去，缺乏相应的管理架构、体系。所以很多大型企业为了降低管理难度，采用分包、承包或挂靠的形式，把成本中心转为利润中心，这样管理就相对简单。但这样的公司即便看起来规模大，也不是有统一的、规范化管理的企业，没实际价值。

第四个问题是市场运营：企业较低的要价能力和员工不断增长的薪酬需求之间的

矛盾。IT行业统计过，过去三年，人工费至少涨了40%以上，建筑设计行业也一样。与此相对，设计费却没怎么涨。当房价5千的时候，设计费是40，当房价5万的时候，设计费还是40。为什么涨不了价呢？原因很简单，因为房价从5千涨到5万，和设计没太多直接关系，是地价在涨、还有通货膨胀等因素，不是因为设计附加值使房价更高。实际上第四个原因和第二个原因追根溯源是一致的——建筑设计缺乏核心能力。如果没有核心能力，设计师就只是画图匠，不能为客户带来附加值，所以设计费还是40元一平方米。我们不妨想想，有多少建筑设计公司在增长的过程中注重核心能力的提高？有多少建筑设计公司具有真正的研发能力和市场影响力呢？有多少公司像洲联集团一样尝试去做上下游的延伸、去掌握除设计之外对市场更多的理解、对商务活动更多的理解、对管理更多的理解？有多少公司像上海绿城一样在专业精细化分工上下那么多的工夫？

刚才这几个困境是国内IT服务商在发展中切身体会的四个矛盾，如果换成国内的建筑设计公司，问题也一样存在。以东南融通为代表的国内IT服务商遇到的这些重大矛盾，会不会哪一天也降临到建筑设计公司身上？我相信总会有那么一天，为此我们应该做好哪些准备呢？

多阶层的形态

今天要谈论的第二个主题是多阶层社会。先介绍性价比曲线。

1. 性价比曲线

先举个例子，建筑设计企业在收取设计费时，一般会和客户说自己性价比高还是性价比低呢？可能很多情况下大家会说性价比高，因为性价比高意味着值得信赖，值得购买，有机会签合同。

性价比可以用一条曲线反映（图01），如果横线是性能，纵向是价格，性价比曲线就会呈现向上走的弧形。这条弧线上有两个点，低拐点以下，属于性价比高的必需品，表现为价格微弱地上升，性能大幅度地提高。必需品是为客户提供基本服务，所以性价比高。如果我们向客户推销自己的设计性价比高，从商业

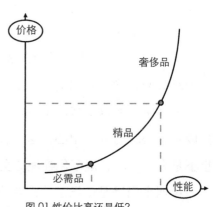

图01 性价比高还是低？

角度来言，意味着我们提供的是必需品。

再看高处的第二个拐点，两个拐点之间的区域称为精品，最上方的区域是奢侈品，这些产品的价格和性能同时在增长。我们发现，越是高档的东西越不会说自己的性价比高，你有听过LV包或奔驰汽车说自己性价比高么？只有必需品在对外宣传上才强调自己性价比高。这是一个经济逻辑，可以举个家政服务的例子来说明性价比这条弧线的含义。

居家过日子离不开家务活，如果把社会阶层分成富裕家庭、小康家庭、温饱家庭，他们的家务活都由谁做呢？一般而言，温饱家庭的家务活自己动手做，因为请别人做得花钱。小康家庭的条件变好了，会考虑请保姆或钟点工。富裕家庭就比较复杂了，如果住在大别墅里，得要有管家、园丁、厨师、保安、家庭教师、司机等等，需要的是一个专业团队。所以和性价比曲线对应起来，富裕家庭对于家政服务要求的是奢侈品，小康家庭要求的是精品，温饱家庭相对而言就是低档品。

2. 社会多阶层形态

多阶层社会有多种解释，我这里提两个层面的多阶层。

我不是社会学家，没有专门做过这方面的研究，有本书可以参考。梁晓声在今年再版了他写于1997年的《中国社会多阶层分析》。他认为，中国改革开放30年来，社会的一个重要进步是从原来单一的社会结构——如简单划分为统治阶级和被统治阶级——变为多阶层化的社会。书中他把中国社会分为九个阶层，概括为：中国农民工、农民、城市平民和贫民、当代知识分子、当代中产者阶层、中国"灰社会"、当代"买办"者阶层、当代资产者阶层、中国当代"黑社会"。在这样一个多阶层的社会中，群体结构产生分化，贫富差距逐渐加大，人们的需求也更加多元化。这意味着，以前人们不需要奢侈品，但现在出现这种需求了，同时人们对于必需品的需求也会发生变化。

3. 区域间梯次发展

除了社会呈现多阶层化之外，另一种多阶层的形态是区域间梯次发展，在中国很明显地感受为一二三四线城市的不同，这使得社会阶层的形式更加复杂。

中国改革开放前也有性价比曲线(图02)，这时候的曲线全国各地基本一致。比如那时毕业的大学生，在哪的收入都差不多，所以用一条曲线就能反映。改革开放以后，可以发现这条曲线是动态的，随着社会的经济进步，这条线不断地往上移动。而且不再是单一的一条线，而是一、二线城市及欠发达地区，对应产生不同的性价比曲线。

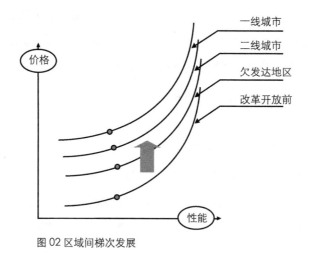

图02 区域间梯次发展

4. 设计行业的过去与现在

参照性价比曲线，让我们思考一下中国的建筑设计行业处于曲线的什么位置（图03），是必需品？精品？还是奢侈品？先看30年前的曲线。改革开放前，大部分房

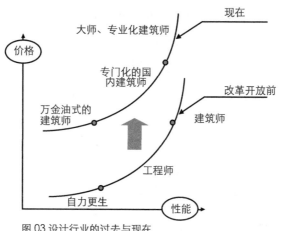

图03 设计行业的过去与现在

子都是自己动手造的，不需要请工程师或建筑师，所以必需品就是自力更生。精品是需要一定的工程技术人员（工民建专业）参与设计的建筑，比如厂房、宿舍楼等。那个时候需要建筑师设计的才是奢侈品，比如国庆十大工程之类。据说1980年当年中国毕业的建筑学本科生只有300人，这么大一个国家，就300名应届毕业生，意味着需要建筑师设计的房子一定是奢侈品，这是很难得才会出现的机会。

经济发展了之后，这条曲线就不一样了。现在所谓的必需品也需要建筑师设计，但多是万金油式的建筑师，特别在三四线城市，这种现象很明显。作为一个建筑师，

好像得什么都会干，什么都懂，否则都不好意思说自己是建筑师，实际上这种服务提供的是必需品。在中国一二线城市，情况有所不同，一些设计院开始出现比较明显的专门化分工，比如天华做住宅很有名，三益做商业建筑有品牌。许多设计企业开始在一些领域内聚焦，我称之为专门化的公司和专门化的设计师，但他们还没到更精细化分工的地步。专业化是在专门化的基础上再进行专业细分，比如绿城。专业化有一个好处，时间越长经验积累越多，慢慢就会摸到门道。那么真正的奢侈品是什么人在做呢？大师、专业化建筑师，而且大部分是国外设计师。昨天遇到上海房协一位秘书长，得知上海投入使用的甲级写字楼有180多栋，我估计其中就没有多少是中国建筑师设计的，中国企业参与的主要是施工图阶段。所以最高端的产品是被这些大师或专业化的建筑师包揽的。绿城在专业化方面是国内企业中做得相对较好的，在行业中是一个启发，据说设计费在行业中也是最高的。

个人与企业发展观

多阶层社会意味着对建筑设计的需求是非常多元化的，不仅社会本身多阶层，城市之间还有梯次发展，企业和个人面对的机会很多，似乎怎么干，都能挣钱。问题是，性价比曲线以后还会往上走。面对这样一个多元化的社会发展现状，作为建筑师该如何选择？企业面对形态越来越丰富的社会应如何取舍？

今天几位发言人正好代表建筑师不同的发展方向，比如刘力总的洲联集团是产业型公司，不仅做设计，还进行上下游的延伸。比如刘纲总的上海绿城更像是一个生产型公司，精细化分工程度高，做的产品非常扎实细致，但目标并不是成为大师，而是要成为行业中专业化分工水平高的公司，以此作为核心竞争力。再比如同济的章明老师，可以像大师一样比较自由地进行建筑设计，我称之为产品型公司。

所以不同类型的公司有着不同的发展。对于绝大部分人来说，也许成不了大师，因为大师只能一万个人里出一个，那么剩下的9999个人的专业发展方向应该何去何从呢？我觉得比较适合的是成为专业人士。专业人士也可以多种多样，比如绿城需要的是对建筑技术不断追求的专家，洲联需要的是不仅关注设计、也懂上下游产业链的专家，这些都是专业化的不同发展方向。企业和个人皆有不同的选择。

很多毕业生问我，是先宽泛地接触各种项目好还是先专业化好？我觉得应届毕业生不着急专业化，先接触各种实际工作，搞清楚自己的特点、兴趣点，到30岁的时候再想专业化方向这个问题，但 35 岁之前一定要确认一个方向发展，今后才有可能走得好。

再给大家举个例子，WATG 是全球领先的酒店设计顾问公司，他们专注于酒店领域的设计，在全球占据领导地位。WATG 有一句话值得我们借鉴：若你想在一个地方工作，全面化；若你想在任何地方工作，专业化。企业如此，个人亦如此。对于大多数人来说，我们不能成为大师，但应该都有机会成为专业人士。

需要提醒的是，专业人士在中国社会多阶层和区域梯次发展的过程中，要注意"度"。所以我提出要适度专门化或者说适度专业化，千万不要"过"了。比如说在三线城市，像绿城这样精细化分工的设计公司肯定无法生存，因为这些区域的需求曲线还没产生对绿城这种专业能力的需求地步，所以绿城也不会去这些区域发展，在那儿也千万不要学绿城。但是在社会发展的过程中，也要适度地有一定的提前准备，去做好专业化或专门化的可能，而不是觉得现在日子挺好过，就一味等着。等到哪天没饭吃的时候再想如何提高核心竞争实力，那就为时晚矣。

归根结底，希望建筑设计公司现在不要光想着怎么赚钱，必须要注重核心竞争力的培育。如果一家企业已经意识到这个问题，那么对于这样的公司，在组织架构中应该产生技术研发这样的组织，来刺激员工更关注于技术提升，而不仅仅是做个画图匠。虽然在现在的环境下，做个画图匠日子还挺舒服，但随着年纪的增长，如果没有掌握真正的专业技术能力，没有使自己成为某一方面专家的可能，恐怕以后日子就不太好过了。这将不仅是个人的悲剧，更是中国设计行业大部分企业的悲剧。

我们这个行业的风暴来临之时，能够活下来的企业必定是那些掌握了比较高端的核心技术的建筑设计公司。

03 设计行业的"婆婆"怎么当？

——在北京市勘察设计行业"十二五"规划座谈会的发言

2011.6.15，陈榕铮整理

今天讨论的话题是关于"十二五"规划，我谈三点：第一，关于"十二五"规划中政府、协会和市场三者之间的关系；第二，从设计公司发展战略角度而言有五种不同的专业化发展方向；第三，这些方向会对"十二五"规划有些不同的建议和启发。

首先，咱们20世纪60年代出生的人都知道，刚改革开放的时候有句话叫"不找市长找市场"，因为原先是计划经济，那时候什么事都要找政府，因为政府是万能的。改革开放就是要还原"政府不是万能的"这样一个定位，所以希望大家有什么困难可以开始去找市场。这个过程到今天有30年了，但最近几年改了，现在开始说"不找市场找市长了"，反过来了，因为又开始有计划经济的痕迹了，国进民退，央企更加强盛了。最近的一个消息是蒙牛被中粮收并了。这反映的是从市场开放到市场开放不足的状态。这30年的中间，90年代中期，民营设计公司开始兴起，有的是从国企改制转的，有的是自主创业的，还有承包的等等各种不同的方式。在座的很多的设计公司，包括CCDI都是在90年代中期开始发展起来的。那么到今天，"十二五"规划民营设计公司到底怎么办？

这里有政府思维和市场思维的两种角度，同时协会在行业发展过程中又可以发挥非常重要的作用，因此这三者之间的定位、关系对行业是非常重要的。

市场是什么？市场是买房与卖方的一个集合，就是我们作为设计师与甲方的一个集合。很重要的一点就是民营设计公司真正的发源、成长必须依赖于充分的市场开放，如果没有市场开放就不存在民营设计公司的生存空间。

政府配置和市场配置是两种资源的配置方式。凯恩斯的经济学理论提出政府是一定要适当的参与经济，怎么参与，参与多少？政府的经济职能是由市场来决定的，不是由政府决定的,应该是市场的补充,也就是市场做不了的,需要政府做适当的参与,发挥一定的作用,制定相应的经济政策。

那么协会呢?中国的协会和国外的协会不一样,咱们的协会是由政府指定的,国外的协会是民间机构,NGO,可以拿美国的AIA来做一个参照。是否有可能把勘察设计协会变成真正的半官方、半民间的一个机构,起到相应的一定作用?我提一个个人的建议,是不是可以在"十二五"规划中,行业协会能不能采用民间推荐、官方认可的方式存在?是不是有可能做这样一种中间过渡,使它真正发挥一些民间价值,真正在行业之中通过企业之间的行为规范,自愿的行为规范来推动这个行业的一种进步

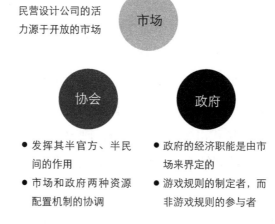

和发展。

前段时间大家讨论的一些希望政府支持行业发展的话题,我个人认为通过理解三者之间的关系,就可以理清一些概念了:

1.有人提出说,在北京是不是可以有一个由政府主导的设计企业聚集区?我个人认为这纯粹是一个市场行为,不应该由政府来干的事,例如798就不是政府主导的,早期就是一帮画家因为798的厂房便宜,所以他们就去了,就这么简单。当市场起来之后,政府适当扶持一下,就发展起来了。另外,全球知名的义乌小商品城,也纯粹是民间发源起来的,之后政府适当扶持。相反,全国各地许多政府搞的产业聚集区、开发区等很多都是失败的。所以这类事完全应该是市场的事。市场解决、政府到适当的时候可以扶持。

2.关于设计费,刚才赵总(CCDI的赵晓钧总经理)谈到的一个问题我觉得非常好,40元/平方米的设计费从房价4000元/平方米一直收到房价40000元/平方米,甚至还有下降。其实我们要分析清楚一点,是什么因素导致4000变成40000的?如果是

因为设计的原因4000变成40000，那么现在设计费都不是40或者400了，4000都可以，问题是房价从四千变成四万，跟设计没什么关系，或者说关系很小，房价上涨的主因是地租的高启，所以设计费不涨价至少从某种程度上说是合理的。那么我们在行业之中大家都谈到设计费有恶性竞争，我觉得这也应该是市场的事。某种程度上说，发改委去制定设计行业的收费规范，我不知道为什么，这不是它的事，这最多是行业协会的事。AIA曾经颁布过设计行业的收费指导意见，没过几年就删掉了，不执行了，因为这完全是市场的事。当然，政府投资项目需要通过这个做一些价格参考，那是政府的事，但是不应该成为民间的或者全行业社会的这种价格标准。实际上，目前优秀的设计公司完全能够通过它的技术优势获得相对较高的设计收费。比如说，做住宅的绿城东方，设计费比很多设计院高多了，为什么？做东西好嘛，而且活还多得干不完。所以真正的放开市场才有可能使市场进入良性循环，否则，价格管制很可能导致"劣币驱逐良币"的后果，阻碍技术进步。

3. BIM技术，刚才赵总也谈到BIM技术，也有人说是不是通过行业协会去推进BIM技术，我觉得这完全也是市场的事。20世纪90年代初我们刚毕业时，大部分人趴图板，少有人用CAD。那时候政府主推CAD绘图，很快取得成效。其实我认为政府不推，它也一样会见成效。很多事情的进步我们归功于政府主推，事就好办了，难道政府不推大家就不上CAD吗？CAD能给大家带来效益，画图画得快呀，谁会不干呢？一定会干的，所以这完全应该是市场的事。AutoDesk公司现在推BIM，如果它真正能够为这个设计行业带来效益的话，这个效益体现在各个方面，我想任何一个有实力的公司、有长远发展的公司都会考虑在适当的时候选择去上BIM，不用政府操心，这是很自然的一种选择。就像买车，为什么买车？因为能带来便捷嘛，还用政府规定多少个人应该买辆车吗？不用规定的。当然现在车多了，倒是限制买车了。我觉得在这个时候，协会可以干些事。现在AutoDesk公司挣了不少钱，能不能协会帮助我们的会员单位通过团购的方式与AutoDesk公司去谈呢，让我们能够获得CAD软件、BIM软件更合理的市场价格。这是协会可以做的事。

4. 行业的人才标准，这不是指注册建筑师。这也不是政府的事，政府最多管注册，当然在美国，注册也是协会管的。不同的企业对人才的需求是有差异的，不可能有一个统一的人才标准，也没有必要。

5. 职业培训，我觉得协会可以去做一些事，像CCDI有CCDI学院了，天华也有学院了，我还听说庐山有个夏令营，刚毕业的学生去到庐山集训两个月，收费2000多元，每次都是上千人，这是属于社会化的一种方式。当然，协会完全有可能，比如说办个北京设计行业学院去帮助企业做一些职业培训，这是完全可行的。

6. 挂靠，这个行业挂靠太多了，是一个严重的问题。先谈一个经济学上的概念，

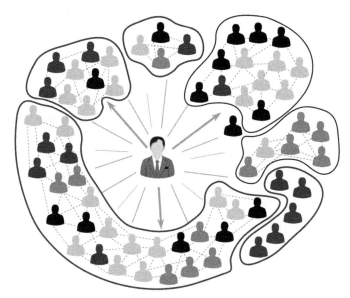

企业存在的价值是什么？企业存在的价值在于降低社会交易成本。这一点非常重要。

中间这个人代表业主，想盖栋房子，规定要经过设计。如果没有企业的话，这些海量的设计师，规划的，建筑的，结构的，水暖电的，还有室内的，景观的，得一个一个去找，你可能谈了很久都没有把这个设计团队敲定下来，因为人太多了，你分散地去进行交流，交易成本太高。如果有企业把设计师们聚集在一起，你的谈判就会简单多了。企业通过内部的运作机制运转起来，这就是一个企业存在的价值。

中国设计行业为什么这么多挂靠，国外就没有这么多挂靠？根源在于我们的行业管理方式采取的是审批制，不是备案制，这个问题导致了挂靠。你有注册建筑师，按照规定你申报你的资质，对不起，不批！那怎么办呢，我又想干活，两条路，要么到一个单位打工，要么挂靠，这就是审批制和备案制的差异造成了那么多的挂靠，施工单位也挂靠。从刚才说的企业存在的价值在于降低社会交易成本这一点来说，一个靠挂靠生存的公司其实是没有任何社会价值的，如果挂靠它的每一个团队都可以拿到执照的话，还会去挂靠这家公司吗？没有任何必要，所以这些靠挂靠生存的公司是没有任何社会价值的，仅仅是因为行业管制的原因而存在。挂靠的公司也是很多行业乱象的发源地。比如说，质量问题，挂靠嘛，就是挣钱，品牌又不是它的，操那么多心干什么？图交出去，钱到手，OK，所以对质量问题就不是太有责任心。一个企业长期

发展必须要有品牌的积累,当它不考虑品牌的时候,那就是短期行为,所以质量问题呀,职业道德问题呀,没有研发投入等等这些都会成为很大的问题。那么如何根治行业中挂靠的现象呢?这是政府的事,最好是不是能够尽快从审批制过渡到备案制。当然眼下,严格的行业管理很重要。挂靠能不能管得住?我觉得完全能管,只是想不想管的问题。

  7. 注册章人证分离,这事也很严重,这个也是政府的事。和挂靠一样,人证分离的根源还是在于审批制和挂靠制。注册章的人证分离也造成了很多问题,所以我们能不能在注册章的管理上真正能够从严进宽出有所改变,什么叫严进宽出,就是考注册章很难,得考好几年,不少人考5年、8年还没考上,所以我们是很严的。但是考完了之后就没人管了,你想干什么干什么,现在据说一个一注建筑的章一年十几万。那能不能过渡到严进严出呢?就是要考过很难,然后管理也相对严,最后能够过渡到宽进严出呢?这个宽进不是指随便可以拿注册章,而是指考了注册章之后能够让他好好地去执业,就是采用备案制而不是审批制。

  第二,从企业发展角度来说,每一家设计公司是不一样的。从大的分类上说,设计公司至少有五种不同的专业化发展方向。如果认可设计公司专业化发展未来的话,那么无论是国企、民企,还是外企实际上都有这么一个三角——技术、市场、管理。一个企业就是通过最佳或者有效的管理手段让内部的技术能力获得外部市场的认可,这就是设计公司的三角。这个三角派生出来五种不同的设计公司的导向,我分别称之为产品型、技术型、生产型、产业型和客户型。(详细阐述见本书正文第三章)

  第三,就"十二五"规划而言,我们理解了设计公司的不同发展方向以及他们的核心竞争力的差异之后,是不是可以在规划中,从政府的角度帮助这些不同类型的公

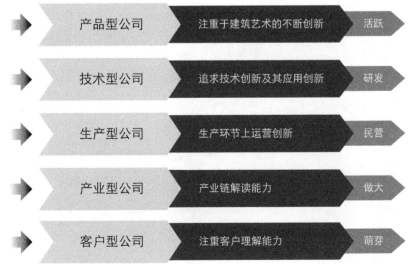

司提供不同方式的支持。

就中国的设计公司而言，产品型公司需要注重建筑艺术的不断创新，它需要的是一种活跃的氛围，我们能不能给他们更多的机会而不是用很多针对大型公司的管理方式去约束它，能不能给它发展的一种机会？我们现在有很多有想法的建筑师想去参加投标都不允许，能不能有办法让他们更加活跃起来？对技术型公司来说，他们追求技术的创新，那么能不能给他们研发的一些条件，给他们一些更多的支持。生产型公司，它更多的是生产环节上的运营创新。从20世纪90年代中期开始的国企设计院改制，能不能继续深化下去，让他们民营化，去活跃市场而不是把持某些市场。这三种公司的业务都不关系到重大的国计民生，是政府"抓大放小"中的"小"，不是"大"。对于产业型公司来说，在现阶段，如果说暂时不开放，也是没有问题的，因为勘察设计行业，总共18个分类，实际上只有1个是放开的，我们今天谈来谈去，谈的都是民用建筑设计，剩下17个领域民营公司根本进不去，既然进不去，民企就暂时不进去了。在那17个适合产业化发展的分类中，抓大，促进这些国企变成产业型公司，政府扶持他们，给他们更多的机会去做大。客户型公司目前在中国还是萌芽状态，这样的公司将来可能会极其强大，像阿里巴巴，IBM包括其他公司都可能参与到我们的行业当中，但是还处于萌芽状态。政府对于不同类型的公司要有不同办法，给予更多针对性的支持而不是大而化之。我个人理解"十二五"规划草案中有关勘察设计行业的意见更多的是针对生产型企业和产业型公司的，对其他的公司是不关注的，也没有想，因为这些公司确实也太小，那么能不能有一些针对性地给予他们一些机会？

今天就谈到这儿，谢谢大家！

04 地方公司还是事业部？
——大型设计公司设立二级业务单元的原则

2012.08.13

企业规模扩大到一定程度，业务决策机制必然由"集中式"逐渐走向"分布式"，组织架构中开始出现二级业务单元（SBU）。那么，设立SBU的原则是什么？

设计公司的规模
按员工数量这个单一维度，可以将国内民营设计公司大体分为五个阶段：
1. 微型企业——50人以下；
2. 小型企业——50—200人；
3. 中型企业——200—800人；
4. 大型企业——800—3000人；
5. 巨型企业——3000人以上。

微小型企业基本上不存在设立SBU的迫切需要，中型企业开始面临这个问题，大型和巨型企业已经有若干SBU。

SBU与业务部门的区别

SBU是能具备全业务职能（即运营、销售、市场、研发四个环节）的二级机构，而业务部门一般只能承担其中一个环节的职能，如建筑、结构、机电等专业所、研发中心、市场部、经营部等等都是属于业务部门。

国内设计公司设立的SBU，名称各异，如分公司、事业部、（综合）所、工作室等等。无论叫什么，实质都是能独立承接和完成项目。

细分市场三要素与 SBU

无论是否有意而为之，企业设立 SBU 都是为了追求在细分市场上的发展需求。确立细分市场的核心三要素是：客户、产品或服务、地域。

客户：细分市场中的客户有一定的共性，在需要和需求上有类似性，这样企业才有可能为他们提供相对一致性的产品或服务。这里要说明一点，建筑设计是定制产品，不是标准制品，也就是说你为客户 A、B 做的设计不可能完全一样，也不能把图纸转卖给 C，做不到 100% 相同，无法大规模生产，但这并不是说各项目之间在技术和项目管理上，完全没有内在逻辑的相似性。客户需求的共性越大，我们提供的产品或服务的一致性程度越高，研发成果的针对性越强，但同时会带来细分市场总容量越小的问题，造成研发成果可重复利用次数太低，效益不明显。所以寻找客户共性应该适度。

产品或服务：就是我们打算为这些有一定共性的客户提供怎样的产品或服务。

地域：在哪里为客户提供产品或服务。一般而言，地域越小，客户的共性越多，地域越大，客户的共性越少，到一定程度甚至需要分为两个细分市场。

上述三个要素中的任意一个都可能成为设立 SBU 的原则。以客户为原则在设计行业并不多见，其他的智力型行业（如管理咨询公司）是有按客户群设立 SBU 的，如快消品行业事业部、服装行业事业部、政府客户事业部等；以产品或服务为原则的并不少见，如 CCDI 的体育、居住、轨道交通、公建、医疗等事业部；以地域为原则更是常见的一种形式，即设立多个地方分公司，独立地在一定区域开展业务。

原则：产品还是地域？

地域之所以成为最重要的原则，是因为企业管理者认为地域差异和阻隔是关键因素。地域间文化、气候、地理、经济、政治等诸多方面的差异，以及信息、技术、人员、物资等生产要素的交流障碍，在任何时代都是企业异地拓展必须要面对的问题。

地域差异中，文化、气候、地理的区别是客观存在的，需要在项目设计中予以考虑，但并不足以以此为原则。

地域经济差异在中国是非常显著的，产生了不同层次（档次）的设计产品需求。一般来说，每个企业都有各自的市场定位，产品满足特定层次的客户需求，在业务拓展中并不会随意调整产品档次和客户档次。客户也会根据自己的需求选择对等的设计供应商。所以，经济差异也不应是原则。

中国经济的非市场化程度较高决定了地域政治差异是一个重要考虑因素。这里所说的政治差异不是政治体制上的差异，而是"关系"造成的，特别是近些年的国进民退使官方在经济活动中的掌控权越来越大，甚至出现在规划设计、建筑设计中，官员指点江山、业主方成为看客、设计师沦为绘图员的现象。但是，从企业发展角度看，我们只能寄希望于中国经济市场化程度在未来逐渐提高，尤其是民营企业，起始于市场开放，也只能在更开放的市场中寻求发展，搞定政府关系只是短期生存行为，不是长期发展行为。所以，地域政治差异是重要的因素，但不应成为设立SBU的原则。

地域在信息、技术、人员、物资的交流中必然产生障碍。弗里德曼在《世界是平的》一书中，认为现代技术已经并将持续降低这样的障碍。事实上，跨地域合作的困难可能更多的是思维障碍、文化价值观的问题。还有，民营企业长期低成本运作模式造成硬件条件严重滞后也是重要原因。

否定按地域原则设立SBU的合理性，并不意味着企业在异地拓展的初期不可以采用地方公司的模式，但是不宜长期化，应适时转为按产品原则（如事业部制）设立SBU。否则，迟早会发生中国历史上屡见不鲜的"分封"与"郡县"之争，上演"削藩"的双输悲剧。

以产品线为设立SBU的原则理由很充分，同一细分市场中，市场渠道、客户资源、技术体系、资源调配、研发体系等方面都有共享的需求，以此为原则设立SBU可以为充分的共享提供组织化的保障。现代企业的组织结构中，大型企业几乎全部按产品线原则设立SBU。国内一些设计公司在此方面的尝试（事业部制）有成功的，也有不甚成功的（尽管现在论成功与否为时尚早），我认为，现阶段，问题不在制度本身，而在于企业文化（平等与否、合作与否、信任与否、尊重与否、分享与否）以及文化影响下的治理结构、运营结构。

另一个需要注意的现象是，一些设计公司在规模发展过程中，多个SBU之间既不是按地域划分，也不是按产品划分，而是同质化的。究其原因，官本位思维、内部摆不平、企业管理能力弱、宁做鸡头不做凤尾等等都可能是根源，但是，成就一个企业而不只是一个赚点钱的公司，上述问题是回避不了的。

综上所述，大型企业按产品或服务为原则设立SBU是必然，迟早而已。

图书在版编目（CIP）数据

白话设计公司管理/陈阳著.—北京：中国建筑工业出版社，2012.12（2021.4重印）
ISBN 978-7-112-14880-6

Ⅰ.①白… Ⅱ.①陈… Ⅲ.①建筑设计-建筑企业-工业企业管理-研究-中国 Ⅳ.①F426.9

中国版本图书馆CIP数据核字（2012）第282493号

责任编辑：戚琳琳
责任校对：肖　剑　关　健

白话设计公司管理
陈阳　著

*

中国建筑工业出版社出版、发行（北京西郊百万庄）
各地新华书店、建筑书店经销
北京建筑工业印刷厂印刷

*

开本：787×1092毫米　1/16　印张：12　字数：215千字
2013年1月第一版　2021年4月第十一次印刷
定价：**49.00**元
ISBN 978-7-112-14880-6
（22936）

版权所有　翻印必究
如有印装质量问题，可寄本社退换
（邮政编码　100037）